大学·中庸

[战国]曾参
[战国]子思·著
邵士梅·注译

插图精译

陕西新华出版 三秦出版社

图书在版编目（CIP）数据

大学·中庸 /（战国）曾参，（战国）子思著 ；邵士梅注译．-- 西安 ：三秦出版社，2008.01（2024.1 重印）
（国学百部经典丛书）
ISBN 978-7-80736-341-5

Ⅰ．①大… Ⅱ．①曾… ②子… ③邵… Ⅲ．①儒家②大学一译文③中庸一译文 Ⅳ．①B222.1

中国版本图书馆 CIP 数据核字（2007）第 188803 号

书　　名　大学·中庸
作　　者　［战国］曾参［战国］子思著　邵士梅 注译
责　　编　王曙龙
封面设计　新华智品

出版发行　三秦出版社
社　　址　西安市雁塔区曲江新区登高路 1388 号
电　　话　（029）81205236
邮政编码　710061
印　　刷　北京一鑫印务有限责任公司
开　　本　680×1020　1/16
印　　张　9.5
字　　数　120 千字
版　　次　2008 年 4 月第 2 版
印　　次　2024 年 1 月第 2 次印刷
标准书号　ISBN 978-7-80736-341-5

定　　价　39.80 元
网　　址　http://www.sqcbs.cn

前　言

《大学》、《中庸》本是《礼记》中的二篇，《大学》以人的修身为核心，提出：“自天子以至于庶人，壹是皆以修身为本。”格物、致知、诚意、正心为修身的方法。强调人的修身养性不只是内省的过程，更是同外物相接触、穷究物理而获得知识，培养道德品性、完善人格的过程。修身的目的在于齐家、治国、平天下。《大学》认为，治国平天下应以德为本。《中庸》强调“诚”，认为“诚”是实现“中庸之道”的关键。

《大学》原为《礼记》第四十二篇，在唐以前并没引起人们的特别关注。至唐代，韩愈等引用《大学》，开始为人所注目。到宋代，理学创始人程颢、程颐非常重视《大学》，称之为：“孔氏之遗书，而初学入德之门也。”南宋理学集大成者朱熹说：“天运循环，无往不复。宋德隆盛，治教休明。于是河南程氏两夫子出，而有以接乎孟氏之传。实始尊信此篇而表章之，既又为之次其简编，发其归趣，然后古者大学教人之法、圣经贤传之指，粲然复明于世。”后来朱熹又在二程基础上，把《大学》重新编排整理，分为“经”一章，“传”十章。认为，“经一章盖孔子之言，而曾子述之；其传十章，则曾子之意而门人记之也。”就是说，“经”是孔子的话，曾子记录下来；“传”是曾子解释“经”的话，由曾子的学生记录下来。朱熹对《大学》的解释，是一种重新阐释，换言之，是从理学角度的新解。充分体现了心性之学，使《大学》升华为哲学。从此理学不仅接续道统之传，还有了自己的规模和节次。

《中庸》是儒家的重要经典，它同《易经》一样，都是儒家的理论渊薮。不过《易经》比《中庸》影响大，涵盖面广，而《中庸》是宋以后儒者研读的重点。儒学，特别是理学，许多概念、命题出自于《中庸》，许多理学大家持守《中庸》的信条，许多儒者用《中庸》的方法论思考。从而可以看出，《中庸》对中华文明的形成有着深远的影响。

此外，本次出版我们还把《论语》中的部分经典名句选入本书，以增加本书的含金量，使读者能从多方面更多了解儒家学说。

编　者

2008 年 1 月

目　录

大　学

中　庸

附：论语名句

大　学

第一章　“经文”

【原文】

大学之道[1]，在明明德[2]，在亲民[3]，在止于至善[4]。

【注释】

〔1〕大学之道：大学，大人之学。古人八岁入小学，识文及学洒扫应对之事。十五岁入大学，学做人及治国、平天下的大道理。大学之道，即大学的道理。

〔2〕明明德：前一“明”是动词，意彰明、明白。后一“明”是“德”的形容词，意光明的。明明德，是说人应将生来具有的光明之德，发扬光大。

〔3〕亲民：亲，古时有两种解说。朱熹解“亲”为“新”，即革其旧之谓。“新民”是说人已自明其德，又当推以及人，使之去其旧污，做一个新民。王阳明以为“亲”字就是亲爱的意思。今取朱熹之说。

〔4〕止于至善：达到至善的境地。止，就是做到之意。至善，就是最善。“止于至善”是说对己应发扬光大其光明之德，对人则应亲民，人能做到这两方面，就达到了最善的境界。“明明德”、“亲民”、“止于至善”，被称为“大学”的三纲领。

【译文】

大学的道理是：发扬先天固有的德性，革新旧的思想和习气，以求达到最完善的境界。

孔　子

【原文】

知止[1]而后有定，定而后能静，静而后能安，安而后能虑，虑而后能得[2]。物有本末[3]，事有终始，知所先后[4]，则近道矣。

【注释】

〔1〕知止：能够知道所当止的地步。指上文所说的“止于至善”。

〔2〕得：获得（至善）。《孟子·告子上》：“心之官则思，思则得之，不思则不得也。”

〔3〕本末：指树的根本与树梢。

〔4〕知所先后：意指能够知道和把握道德修养的先后次序。

【译文】

知道所应达到的理想境界是“至善”，而后才能有确定的志向，有了确定的志向，而后才能内心宁静；内心宁静而后才能泰然安稳；泰然安稳而后才能行事思虑周详；行事思虑周详而后才能达到最好的理想境界。

世上万物都有根柢和末梢，天下万事都有结局和发端。能够明白它们的先后次序，那么，就能够接近大学的原理了。

【原文】

古之欲明明德于天下者，先治其国[1]。欲治其国者，先齐其家[2]。欲齐其家者，先修其身。欲修其身者，先正其心[3]。欲正其心者，先诚其意[4]。欲诚其意者，先致其知[5]。致知在格物[6]。

【注释】

〔1〕国：指诸侯国家。

〔2〕齐：整齐。家：一说是指大夫之家室，一说是指家庭。

〔3〕正：端正。心：朱熹言：“心者，身之所主也。”

〔4〕诚：诚实。意：心之所发为意。诚其意，谓心意诚实不自欺。

〔5〕致：推极。知：心识。致其知，指充分发挥心知之作用。

〔6〕格：到达，至。物：事。格物，朱熹言：“穷至事物之理，欲其极处无不到也。”指与事物相接触，能够穷究物理。

【译文】

古时候想要把彰明的天赋从个人推广到天下

人，先要治理好自己的国家；要治理好自己的国家，先要整治好自己的家族；要整治好自己的家族，先要提高自身道德修养；要提高自身道德修养，先要端正自己的内心；要端正自己的内心，先要使自己意念真诚；要使自己意念真诚，先要招致自己的良知；要招致自己的良知，先要摒除物欲的蒙蔽。

【原文】

物格而后知至，知至而后意诚，意诚而后心正，心正而后身修，身修而后家齐，家齐而后国治，国治而后天下平〔1〕。自天子以至于庶人〔2〕，壹是〔3〕皆以修身为本。

【注释】

〔1〕格物、致知、诚意、正心、修身、齐家、治国、平天下：此八项，被称为"大学"的八条目。

〔2〕庶人：百姓，平民。《荀子·王制》言："君者，舟也。庶人者，水也。水则载舟，水则覆舟。"

〔3〕壹：都，一概。

【译文】

摒除物欲的蒙蔽而后良知苏觉，良知苏觉而后意念真诚，意念真诚而后内心端正，内心端正而后才能修养自身道德，修养自身道德而后才能整治自己的家族，整治自己的家族而后才能治理好自己的国家，自己的国家治理好才能天下太平。从天子到平民，都是要把修养自身道德作为根本。

【原文】

其本乱，而末治者否矣〔1〕。其所厚者薄，而其所薄者厚，未之有也〔2〕。

【注释】

〔1〕否矣：未有之事。

〔2〕所厚：朱熹言："谓家也。"人的处世做人，不能无亲疏厚薄，对父应孝，对兄应悌；不孝父而孝他人之父，不敬兄而敬他人之兄，这应该是厚的反薄、薄的反厚，是绝不会有的。

【译文】

一个人自身的道德修养败坏，却要他整治家族、治理国家、使天下太平，那是不可能的。他所尊重的人轻视他，他所轻视的人却尊重他，这样要达到整治家族、治理国家、使天下太平，那是从来也没有过的。

【朱熹提示】

右经〔1〕一章。盖〔2〕孔子之言，而曾子〔3〕述之。其传〔4〕十章，则曾子之意，而门人记之也。旧本颇有错简〔5〕，今因〔6〕程子所定，而更考经文，别为序次如左。

【注释】

〔1〕右：指前面。经：经典。汉代开始将被尊崇为典范的著作称为经或经典。本章据传是“孔氏之遗书”，儒家的典范著作，故称为经。

〔2〕盖：大概。

〔3〕曾子：即曾参（前505—前436），字子舆，山东武城（今山东枣庄市附近）人，孔子的学生。

〔4〕传（zhuàn）：解释经书的文字。

〔5〕错简：古代的书是写在竹简上按次序串联编成的，竹简前后次序错乱叫错简。后来古书文字颠倒错乱也叫错简。

〔6〕因：依照。

【译文】

朱熹说：以上是“经”一章。大概是孔子的言论，由曾参口述的。十章“传”文，则是曾参的见解，又由他的学生记录下来的。旧的版本文字多有错乱颠倒，现在依照程颐的校正，再考证经文，特确定分出章节次序如下。

【赏析】

朱熹

本章是全书之总论，朱本称“经一章”。其开宗明义，提出了儒家学说重要的“三纲领”，即明明德、亲民和止于至善。这三者反映了儒家学派教育的宗旨和目标：修身、治国、平天下。修养德行是教育的根本，以修身为基础，在道德上达到“贤人”、“圣人”

的境界或最高理想，在政治上实现“治国、平天下”的“至善”目标或最高理想；为实现这一理想，又提出了“八条目”，即“格物、致知、诚意、正心、修身、齐家、治国、平天下”。“八条目”是实现“三纲领”的方法和步骤，只有按照这个方法和步骤去做，才能达到或实现“三纲领”的宗旨和目标。它们互为表里，互为统一。

“三纲”指的是“仁义”、“孝悌”、“忠恕”等儒家历来倡导的伦理道德观念。即是要求封建统治者发扬这些传统的伦理道德观念，维护其封建统治秩序，当人人的思想都得以规范的时候，就达到“止于至善”的境界，国家便兴旺发达，人民便安居乐业。而“八条目”前四条讲的是“修身”的方法，后四条讲的是“修身”的目的，总的意思就是按儒家传统的伦理道德来规范个人的修养。做到了这些，家族内部才能保持安定，国家才能得到很好的治理，天下才会太平。

本章强调的重点其实也就是本书所强调的重点，教导人们恢复自己先天具有的道德本性，防止个人感情、欲望的偏向，消除各种不稳定情感，追求道德的自我完善。并把封建主义的政治统治与个人的道德修养结合在一起，突出道德修养在社会发展中的决定性作用。

第二章　释“明明德”

【原文】

《康诰》曰〔1〕：“克明德〔2〕。”《大甲》曰〔3〕：“顾諟天之明命〔4〕。”《帝典》曰〔5〕：“克明峻德〔6〕。”皆自明也〔7〕。

【注释】

〔1〕《康诰》：《尚书·周书》的篇名。《尚书》也叫《书经》，原称《书》，是上古文献汇编。分《虞书》、《夏书》、《商书》、《周书》四部分。《康诰》是周公封康叔时作的文告。

〔2〕克明德：原句是：“惟乃丕显考文王，克明德慎罚。”是赞扬文王的话。克，能够。

〔3〕《大甲》：即《太甲》，《尚书·商书》中之一篇。

〔4〕顾諟天之明命：顾，时常注意之意。諟，古“是”字，犹此之意。天

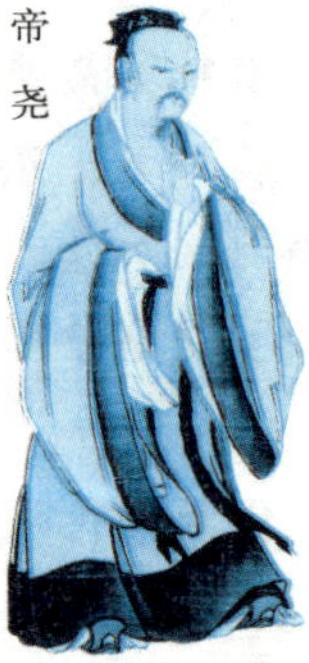

帝尧

之明命，即天所以兴我，我之所以为德之意。《太甲》篇原句为："伊尹作书曰，先王顾禔天之明命，以承上下神祇。"此是伊尹告诫太甲的话。意为要顾及到上天赋予我的明德便命。

〔5〕《帝典》：《尧典》，《尚书·虞书》中的一篇。

〔6〕克明峻德：峻，作"大"字解。意为人能明德，必能光大而普照。原句为："帝典曰若稽古帝尧……克明峻德，以亲九族。"

〔7〕皆自明也：皆，指上引几段文字。皆言自明己德意。

【译文】

《康诰》说："能够彰明德性。"《大甲》说："经常顾念上天赋予的德性。"《尧典》说："能彰明伟大德性。"都是要彰明自己内心的美德。

【朱熹提示】

右传之首章，释"明明德"。

【译文】

朱熹说，前面一段是传文的第一章，解释"明明德"的。

【赏析】

明，使动用法，意思是"使……彰明"；明德，就是善良的德行。明明德，就是弘扬光明的品德。朱熹认为这一章的中心意思就是"明明德"，因为"明明德"在经文之首，所以传文也安排在首章。

儒家认为，人生来就具有善良的品德，即明德。但另一方面也承认，人人都有七情六欲，难免要受到物质利益的蒙蔽，如果个人被褊狭气质所拘束，那么明德就会受到压抑，所以人人都有修养的必要，只有经过教育才能使自己的明德显露出来。本章引用了《康诰》、《大甲》、《帝典》这些古代圣贤的教训，时间是由近及远，可见自古圣贤都强调"明明德"。"明明德"是为人的本分，更是为政的基础，是非常重要的。那么，《大学》开始就强调"大学之道在明明德"，正是继承了古圣先贤的教导。

人之明德是天赋的，人人都有，所以人人都有"明明德"的可能。但是想"明明德"，关键在于自己，不能靠外力。德之不明与明，只在己之不克与克，所以我们应该做到"君子日行三省乎己"，经常反省自己。本章用"皆自明也"作结语，正表示人的德行进步当以自作主宰为基础，从而使自身葆有那清澈明净的本真。

第三章　释“新民”

【原文】

汤之《盘铭》曰[1]：“苟日新，日日新，又日新[2]。”《康诰》曰：“作新民[3]。”《诗》曰：“周虽旧邦，其命维新[4]。”是故君子无所不用其极[5]。

【注释】

〔1〕汤：指成汤，商朝的开国君主。盘：沐浴用的器皿。铭：刻在器皿上用于警策自己的文辞。

〔2〕“苟日新”句：苟，作“诚”字解。新，除去旧染之意。此句意为：诚能一日有以洗涤污垢而自新，当因其已新，而又日日新之，不可间断。

〔3〕作新民：作，朱熹言：“鼓之舞之之谓作。”意振奋精神做一个新的人。原句为：“已，汝惟小子，乃服惟弘王，应保殷民。亦惟助王宅天命，作新民。”

〔4〕《诗》：指《诗经》，我国最早的诗歌总集。原称《诗》，汉武帝时定为“五经”之一，后始称《诗经》，反映西周初年到春秋中期的社会风貌。分“风”、“雅”、“颂”三部分。“周虽旧邦，其命维新”，出自《诗经·大雅·文王》篇，是赞美周文王的句子。意为，周国虽旧，但至于文王，则能更新法度，使人民个个自新，这正是文王王天下的缘故。

〔5〕君子无所不用其极：其极，尽力，竭力。此句意为：君子无论在什么地方，无不尽心极力去自我更新。

商　汤

【译文】

商汤的《盘铭》说：“如果有一日自己焕然一新，就要日日焕然一新，每日都焕然一新。”《康诰》说：“鼓舞人们自新。”《诗》说：“周国虽然是一个古老的诸侯国，但它秉承天命自我更新。”因此君子每时每刻都应自我革新。

【朱熹提示】

右传之二章，释“新民”。

【译文】

朱熹说，前面一段是传文的第二章，解释“新民”的。

【赏析】

本章集中阐述了纲领中“新民”的思想。新民，就是革新民心，使广大百姓弃旧图新，弃恶从善；只有广大人民群众的基本素质提高了，才能使社会得到长足的发展。这样，不仅可以使国家长治久安、祥和太平、百姓生活幸福，而且，圣人的道德也得到了进一步的升华。

文中，作者引述汤之《盘铭》，勉励学者应当时时警惕，时时省察，自新其德，并且一刻都不能间断。在自身不断省察的过程中，给众人树立榜样，庶民自然会受其感化，鼓舞奋发，群体仿效而自新不已。这正是儒家的政治主张。即要求统治者以身做则，用自己的美德去感化群众，但历代统治者却总是胡做非为，无人敢管，一些御用文人又阿谀奉承，结果使得社会更加黑暗，百姓生活更加困苦不堪，一些人将这些都归罪于儒学，是违背事实的。

本章集中阐述了“新民”的思想。这里的“民”不仅指平民百姓，也指国家的统治者。“新民”是要焕发君主和民众的道德精神，就是要用儒家的伦理道德观念来更新、统一人们的思想，并以此为人们的言行标准，使得人人都能求得自新，达到完善。

第四章　释“止于至善”

【原文】

《诗》云：“邦畿千里，维民所止〔1〕。”《诗》云：“缗蛮黄鸟，止于丘隅〔2〕。”子曰：“于止，知其所止，可以人而不如鸟乎〔3〕！”

《诗》云：“穆穆文王，於缉熙敬止〔4〕！”为人君，止于仁；为人臣，止于敬；为人子，止于孝；为人父，止于慈；与国人交，止于信。

【注释】

〔1〕邦畿千里，维民所止：此句出自《诗经·商颂·玄鸟》篇。邦畿，

古时天子之国称为邦畿。止，郑玄言："止，犹居也。"此句意为：国都千里，都为人民所居之处。

〔2〕缗蛮黄鸟，止于丘隅：此句出自《诗经·小雅·绵蛮》篇。缗蛮，即绵（mián）蛮，鸟叫声。丘隅，山的一角。止，栖息。此句意为：咭咭呱呱叫的小黄鸟，不到别的地方去做巢，偏偏栖止于山的一角。

〔3〕"子曰"句：子，指孔丘，字仲尼，鲁国陬邑（今山东曲阜东南）人，春秋末期思想家、教育家，儒家学派创始人。

〔4〕穆穆文王，於缉熙敬止：此句出自《诗经·大雅·文王》篇。穆穆：深远之意。缉熙敬止：戴震言，"按缉熙者，言续其光明不已也。敬止者，言敬慎其止居不慢也。"

【译文】

《诗》说："京都附近方圆千里，是百姓居住的地方。"《诗》说："小小的黄鸟儿，停息在那山丘上。"孔子说："啊，黄鸟儿都知道它应该栖息的地方，人怎么可以比不上鸟儿呢？"

《诗》说："严肃恭敬的周文王，他光明的美德啊人们无不崇敬。"做国君的言行要做到仁爱，做臣下的言行要做到恭敬，做儿女的言行要做到孝顺，做父亲的言行要做到慈爱，与国人交往言行要做到坚守信义。

【原文】

《诗》云："瞻彼淇澳，菉竹猗猗。有斐君子，如切如磋，如琢如磨。瑟兮僩兮，赫兮喧兮。有斐君子，终不可諠兮〔1〕！"如切如磋者，道学也〔2〕；如琢如磨者，自修也〔3〕；瑟兮僩兮者，恂栗也〔4〕；赫兮喧兮者，威仪也〔5〕；有斐君子，终不可諠兮者，道盛德至善，民之不能忘也〔6〕。

【注释】

〔1〕"《诗》云"句：此段诗见《诗经·卫风·淇澳》篇。瞻，作看望解。淇，淇水，在今河南省北部。澳（yù），水边。猗猗，茂盛的样子。斐，文质彬彬的样子。切，以刀切割。琢，以椎雕琢。瑟，严密的样子。僩（xiàn），武毅之貌。赫，显耀；喧，通"煊"，盛大之貌。諠（xuān），《诗经》上为"谖"，作忘记解。

〔2〕道：言。学：谓讲习讨论。
〔3〕自修：自我反省，省察克治。
〔4〕恂栗：(xún lì) 因恐惧而发抖。
〔5〕威仪：威严的仪容。
〔6〕道盛德至善：指君子道德已极盛大，到了最善的地步。

【译文】

《诗经》上说："看那淇水湾湾的地方，青青的竹子婀娜茂盛。那个文采的君子，像角牙般地切磋过，像玉石般地琢磨过，庄重开朗，武毅刚强，气宇轩昂，堂堂皇皇。那个有文采的君子，永远不能让人遗忘。""像角牙般地切磋"，是指君子的精研求学；"像玉石般地琢磨"，是说君子的实践道德，如磨光玉、磨平石；"庄重开朗"，是说内心谨慎；"武毅刚强"，是说仪表威严；"那个有文采的君子，永远不能让人遗忘"，是说君子道德已极盛大，达到最善的境地，这样，人民是终生不会忘记的。

【原文】

《诗》云："於戏！前王不忘[1]。"君子贤其贤而亲其亲[2]，小人乐其乐而利其利[3]，此以没世不忘也[4]。

【注释】

〔1〕"《诗》云"句：此句出自《诗经·周颂·烈文》篇。於戏（wū hū），叹词。此句是诗人叹赞前世圣王的德泽流传深远，使人不忘之意。

〔2〕"君子"句：君子，朱熹讲："谓其后贤后王。"贤其贤，前"贤"字作动词，意尊贵、敬重。后"贤"字作名词，指贤明的君子。亲其亲，前"亲"作动词，是亲爱、亲近；后"亲"作名词，意为亲族。

〔3〕"小人"句：小人，朱熹讲："谓后民也。"乐其乐：乐（luò），前"乐"为动词，意以小人之乐为快乐。利其利，前"利"为动词，意让人民获得实惠。

〔4〕此以：因此，所以。

【译文】

《诗经》上讲："啊！啊！前代的君王，不能让人遗忘。"后贤后王都效法他，如其一样敬重贤者，亲爱亲人，让后世的民众都能享受他们的欢乐，获得他们的利益。所以，前王虽然没世，但人们终不能忘记他。

【朱熹提示】

右传之三章，释“止于至善”。

【译文】

朱熹说，以上一段是传文的第三章，解释“止于至善”的。

【赏析】

本章集中阐述了“止于至善”的思想。从物各有当止之处，到人当有当止之处，再到圣人当有当止之处，所有当止之处，都应是至善。作者引用许多《诗》、《书》上的话来表示物物皆有当止之处，又引孔子之解释指出作为万物灵长的人类，更应知所归止，强调了知止的重要。接着引用《大雅·文王》说明圣人之所归止，全是至善之地，并且说明至善之地并非远离世俗，遥不可及，而是在于人伦日用之间。具体从三个方面来说并指出了它们相互的责任关系：即君要仁，要有仁爱之心，仁正是君道的至善；臣要敬，尊重和严肃，敬正是臣道之至善；父要慈，要有慈爱之心；子要孝，对父母孝顺；民众彼此要讲诚信，做到彼此诚信。这些规范是任何人都不要超越的，而实际上，它们与孔子提出的“正名”论是一致的，它要求每个人都能按儒家的伦理道德规范办事，认真履行自己的职责，继承和发扬前人的优良传统与作风。同时，这些品德都是需要学习、自修、振作、发扬、磨砺的，通过这些努力，就能达到盛德至善的境界，国家得以维护巩固，人民安居乐业，各正各名、各守本分，“止于至善”的境界也就达到了。

第五章　释“本末”

【原文】

子曰：“听讼，吾犹人也。必也使无讼乎[1]！”无情者，不得尽其辞[2]。大畏民志，此谓知本[3]。

【注释】

〔1〕“子曰”句：见《论语·颜渊》篇。听讼，听诉讼者的言语。吾犹人也，我和别人也是一样的。必也使无讼乎，儒家重以仁义礼教感化人心，必使人人自觉向善，不致涉之诉讼方算完善啊！

〔2〕情：指真实情况。尽其辞：尽陈虚诞不实之辞。

〔3〕民志：指多数人的意志。知本：知道根本之治法。

【译文】

孔子说：“审理案件，我和别人一样（尽量断得公平正直）。一定要使诉讼之类的事绝迹了才好。”要使刁诈不实的一方不敢尽情地编造谎言。要使民心畏服，这就叫做知道根本。

【朱熹提示】

右传之四章，释“本末”。

【译文】

朱熹说，以上一段是传文的第四章，解释“本末”的。

【赏析】

朱熹认为本章是申述“本末”的意思，所以安排为传的第四章。本末，原本是指树木的根干和枝叶，文中指事物的主次，也就是矛盾的主要方面和次要方面，也是指事物发生、发展的主观因素和客观因素。只有对一切事物的本末有清醒的认识和深入细致的了解，才能使自己的言行、举止符合“道”的要求，更确切一点说，就是符合事物发展的客观规律。

本章着重强调“德治”的重要性，并把“德治”的目标规定为使那些“隐瞒事实，不讲情理”的人在思想上大为畏惧，不敢把违反道德规范的思想和言论说出来，从而使诉讼的事件根本不能发生，即在思想上对人们进行严格的教育和控制，增强人们遵守儒家道德规范的意识，借以维护和巩固封建统治的政治基础。但是，这种做法就是所谓的“德治”吗？这就是“知本”的方法吗？这种说法未免太过于牵强了吧！它早已背离了孔子所讲的以“德”治国的初衷。因此，即使朱熹对此章的解释是：“此章之下有缺文”，即没有把“知本”的道理说透，这种解释也是难以自圆其说的。

第六章　释“格物致知”

【原文】

此谓知本[1]。此谓知之至也[2]。

【注释】

〔1〕此谓知本：这一句与上文重复，疑是衍文。程子曰：“衍文也。”

〔2〕这句从语气上看是结束语，以此推断，上面必有一段话（传文），大概在流传时遗漏了。朱子曰：“此句之上别有阙文，此特其结语耳。”朱熹认为此句之上“别有阙文”。这阙文，按朱嘉的意见，就是释“格物”、“致知”之义的传文。为此，他特意作了“格物致知”章文字，系统发挥其“格物致知”哲学认识论思想，补入《大学》本文。我们认为，朱熹的“格物致知”章，并非《大学》原文，但对于《大学》系统的完整性有一定的帮助，因此照录在此篇下，并作了注释和翻译。

【译文】

这就叫做认识根本的道理。这就叫做认识的彻底，即进入“知”的最高境界。

【朱熹补文】

右传之五章，盖释“格物致知”之义，而今亡矣[1]，闲尝窃取程子之意以补之[2]，曰：“所谓致知在格物者，言欲致吾之知，在即物而穷其理也。盖人心之灵，莫不有知，而天下之物，莫不有理。惟于理有未穷，故其知有不尽也。是以《大学》始教，必使学者即凡天下之物，莫不因其已知之理，而益穷之，以求至乎其极。至于用力之久，而一旦豁然贯通焉[3]，则众物之表里精粗[4]无不到；而吾心之全

程颐

体大用无不明矣。此谓物格此谓知之至也。”

【注释】

〔1〕亡矣：遗失了。

〔2〕闲：近来。尝：曾经。窃：私自。

〔3〕豁然贯通：突然领悟、融会贯通各种知识或道理。

〔4〕表里精粗：表，指事物的表面现象。里，指事物的内部联系。精，指精细的道理。粗，指粗浅的道理。

【译文】

朱熹说，上面一段是传文的第五章，是解释“格物致知”的意义的。然而“传”的全文现今已经遗失了。我闲来曾私自采用程颐先生的观点把它补足如下：“经文所说的‘致知在格物’的意思，是说我们想要做到认识很明确，就应当接触外物并对每一事物极力探索它的道理。一般地说，因为人们的思想是灵巧的，无不有认识的能力；而天下的事物也无不包含着各种道理。只是因为对于这些道理有的人没有极力探索，所以他的认识才有些不完全。

“因此，《大学》篇开始教人，必须教育那些做学问的人对天下所有事物，都要根据他们已经认识的道理，进一步极力去探索万物的道理，使之达到认识的极点（高度、深度、广度）。如此长久用功，终有一天会突然领悟、融会贯通各方面的知识或技能，那么，一切事物的表面现象、内部联系和精微粗浅的道理，没有认识不到的。至此，我们的认识在总体上、在运用上（对万物）无不洞察明了。这就是所谓对事物的原理努力探索穷尽，这就是所谓对事物认识得非常透彻。”

【赏析】

朱熹称本章为“传之五章”释“格物致知”之义。“此谓知本”是否是衍文，是否在此句之后缺失了一段，都是值得商榷的。但就朱熹的观点看来，这一章应是论述“八条目”的开始，因为前五章已经循序渐进地叙述了“经义”的内容，且阐述“八条目”就应从“格物”“致知”始，而到这里却只有“此谓知之至也”，是为不完整，故而又写了一段补传，即《格致补传》，附在正文之后。

“格物”，就是穷理，即推究万事万物之理，虽至极微处无不思考研究。这里儒家所谓“八条目”的中心思想，亦是儒家“治国、平天下”的理论基础。“致知”，是中国哲学的概念，意思是为获得知识，提高认识能力，以后成为儒家思想中的重要命题。也有人认为，“致知”就是致良知，而良知就在自己的心中，主张致知即是行，故认为这是知行合一的理论基础，对后世儒学的发展变化影响很大。

但是，朱熹的《格致补传》并未对格物和致知这两个重要条目多作解释，他讲的理，包括了物理，包括了一切具体存在、性质、关系、活动等，但其主要内涵是仁、义、礼、智四德。“明德”的内涵，也是这四德。这同《大学》的本意已有不同，《大学》更强调认识外部事物，而朱熹则是要焕发内心固有的道德意识。相信读者仔细品读、必然有不同的感受。

第七章　释“诚意”

【原文】

所谓诚其意〔1〕者，毋〔2〕自欺也。如恶恶臭〔3〕，如好好色〔4〕；此之谓自谦〔5〕。故君子必慎其独也。

【注释】

〔1〕诚其意：使意念诚实。意，指意念。诚，使动词。

〔2〕毋（wù）：不要。

〔3〕恶恶臭：前一个恶（wù）字，意为讨厌、厌恶。恶臭（xiù），指污秽的气味。

〔4〕好好色：前一个好（hào）字，意为喜好、喜爱。后一个好（hǎo）字，意为美丽的。色，指女色、女子。好好色，喜好美丽的女子。

〔5〕谦：同“慊”（qiè），满足、惬意。

【译文】

所谓使自己的意念诚实，就是说不要自己欺骗自己，就如同厌恶污秽的气味那样厌恶邪恶，就如同喜爱美丽的女子那样喜爱善良。只有这样，才能说自己的意念诚实，心安理得。所以道德修养高尚的人必须谨慎地对待独处的时候，使自己规行矩步。

【原文】

小人闲居为不善[1]，无所不至，见君子而后厌然[2]，揜其不善[3]，而著其善[4]。人之视己，如见其肺肝然，则何益矣[5]。此谓诚于中[6]，形于外，故君子必慎其独也。

【注释】

〔1〕小人：指坏人。闲居：指独处之时。

〔2〕厌（yā）然：遮遮掩掩的样子。

〔3〕揜其不善：揜（yǎn），通“掩”，掩藏。意小人虽为不善，但一见到君子，就觉其行为不好，故掩藏其不善的方面。

〔4〕著其善：著，显露，显明。将好的地方显露出来。

〔5〕何益：有什么好处。

〔6〕诚于中：心中意念真诚。

【译文】

小人闲居独处时，什么坏事都会做出来，但一见到君子，他就觉得自己的行为不好，遮遮掩掩，企图把不好的方面掩藏起来，而将好的方面显露出来。但在别人看来，总好像看见他的肺肝一般，明白他是坏人而不是好人，这样的遮掩又有什么好处呢？这就叫心有诚意，自然会流露出来，所以君子在独处时应该谨守道德才是。

【原文】

曾子曰：“十目所视，十手所指，其严乎？”富屋，德润身，心广体胖，故君子必诚其意。

【译文】

曾子说：“有十几双眼睛在盯着他，十几只手在指责他，这不是很严厉的吗？”有钱人，房间装饰得很华丽；有道德的人，心广体胖，气宇不凡。所以君子务必要诚实其心意。

【朱熹提示】

右传之六章，释“诚意”。

【译文】

朱熹说，上面一段是传文的第六章，是解释“诚意”的。

【赏析】

朱熹称本章为“传之六章、释诚意”。所谓“意”是心里最初发出的意图，“诚意”就是使自己的意念真诚，思想纯正。朱熹认为诚意是“自修之首”，“进德之基”，因此，道德修养就要真实，否则便一伪百伪。真实念头要自自然然，心安理得，很满足，很快乐，所以君子要在“慎独”上首先下一番功夫。“独”有二层意义：一是独处，无人看你时，你要谨慎自己的行为；二是独知，你的念头，大庭广众之下别人也不知道，而只有自己知道，这更需要谨慎。正是《大学》提出了“慎独”这个概念，宋明以后思想家都讨论它，有的人还以它为学术宗旨。但我们现在理解的是：既不做任何坏事，也不标榜自己的德行，时时刻刻约束自己的行为，像孔子所说的那样，“非礼勿视，非礼勿听，非礼勿言，非礼勿动”，真正做到表里如一，心虔志诚，心诚意正。只有这样才能使自己“心胸宽广”，“安泰舒适”，也就是说在个人的道德修养过程中，一定要意念真诚，来不得半点虚假。子思认为，圣人能够达到“诚”，贤人也能够达到“诚”，因为这是他们本身就具备的。但是我们说，只要我们能够做到“人一能之，己百之；人十能之，己千之”，加倍修身，即使是愚人，也能达到“诚”的境地，练得一身“慎独”的真功夫。

第八章　释“正心修身”

【原文】

所谓修身在正其心者，身有所忿懥[1]，则不得其正；有所恐惧[2]，则不得其正；有所好乐[3]，则不得其正；有所忧患[4]，则不得其正。

心不在焉[5]，视而不见，听而不闻，食而不知其味。此谓修身在正其心。

【注释】

〔1〕忿懥（zhì）：发怒，愤怒。

〔2〕恐惧：恐慌害怕。

〔3〕好乐：喜好欢乐。

〔4〕忧患：忧虑祸患。

〔5〕心不在焉：喻心不专注。

【译文】

所谓修养自身品德，在于端正自己的内心。自身有所愤怒，内心就不能端正；自身有所畏惧，内心就不能端正；自身有所逸乐，内心就不能端正；自身有所忧患，内心就不能端正。心思不能集中，看东西就像看不见，听声音就像听不见，吃东西也不知道滋味。这就是说：修养自身品德在于端正自己的内心。

【朱熹提示】

右传之七章，释“正心修身”。

【译文】

朱熹说，上面一段是传文的第七章，是解释“正心修身”的。

【赏析】

经文说：“欲正其心者，先诚其意。”上一章已经讲述了“诚意”的问题了，这一章便是“正心修身”了。正心，是儒家伦理道德修养的方法，意思是让人们心要端正。修身的重心就是正心，正心包括“诚意”、“致知、”“格物”，是修身的功夫和修身的方式。它表现在许多的方面，如理想、气质、认知、情感等都属于心的范围，因此做到“正心”要比“诚意”更难。意诚了，最初的念头真实无妄了，但身心情志还在磨炼，“心”比“意”更为宽泛，比如“心”中的“情感”出现了问题，那么当你愤怒时便会思想偏激，恐惧时便会心中恐惧，兴奋时还可能会得意忘形，过分的喜好让你思想偏离正道，情志不能专一，精神恍惚，从而无法认知事物。

而本章提出的“正心修身”论，本身就是以“治国、齐家”为目标的，因此就必须以“修身”为出发点，从而强调个人道德修养与治国、平天下的目标要达成一致。而正心却是修身的基础，故而正心的作用不可小觑，故而我们必须以儒家的伦理道德为标准，摒除任何私心杂念，排除任何会影响我们思想纯正的杂念。因此，正心修养是儒家道德理论的一套完整体系。只有心正才能修身，“身修而后齐家，家齐而后治国，国治而后平天下”。

第九章　释“修身齐家”

【原文】

所谓齐其家，在修其身者：人之其所亲爱而辟焉〔1〕，之其所贱恶而辟焉〔2〕，之其所畏敬而辟焉〔3〕，之其所哀矜而辟焉〔4〕，之其所敖惰而辟焉〔5〕。故好而知其恶，恶而知其美者，天下鲜矣。故谚有之曰：“人莫知其子之恶，莫知其苗之硕〔6〕。”此谓身不修，不可以齐其家。

【注释】

〔1〕亲爱：指自己所亲爱之人。辟（pì）：偏僻的意思。

〔2〕贱恶：看不起别人和厌恶别人。

〔3〕畏敬：自己所害怕和敬重的人。

〔4〕哀矜（jīn）：可怜别人和恩恤别人。

〔5〕敖惰：骄傲和懒惰。

〔6〕人莫知其子之恶，莫知其苗之硕：意为，人对于自己的儿子，总是溺爱的，因为溺爱过分而不知儿子的恶处。而对自己所种的苗，虽然已极粗壮，总还是以为不好。

【译文】

所谓整治自己的家族在于修养自身品德，是因为人们对于自己所亲爱的人往往会偏爱，人们对于自己所厌恶的人往往会偏恶，人们对于自己所敬畏的人往往会偏敬，人们对于自己所同情的人往往会偏护，人们对于自己所轻视的人往往会偏轻。因此喜欢一个人而知道他的缺点，讨厌一个人而了解他的长处，这样的人天下少有。所以有句俗话这么说：“人们没有知道自己孩子的缺点的，没有知道自己禾苗的茁壮的。”这就是说不修养自身品德，就不能够整治好家族。

【朱熹提示】

右传之八章，释“修身齐家”。

【译文】

朱熹说，上面一段是传文的第八章，是解释“修身齐家”的。

【赏析】

修身与齐家均为“八条目”所述的内容，按本章所论，要“齐家”就必须先修身，因此此章分为两部分：第一部分指出了身不修的原因，第二部分引用谚语说明身不修不可以齐家。

由于人们的情感有所偏颇，如对于他所亲爱的人就特别喜欢，对于他所讨厌的人就特别厌恶。这种“偏爱”、“偏恶”的感情往往不利于家庭成员的团结，推及社会，就不利于维护和巩固封建统治。所以我们必须“好而知其恶，恶而知其美”，必须用儒家的伦理道德标准“孝悌”、“忠恕”来约束自己，尽量避免那种“爱、恶、敬、惰”等偏颇感情的流露。一切按“中庸”之道来行事，按“忠恕”来接待人，只有这样自身才能得到良好的修养。作者在这里引用和阐发了儒家倡导的中庸思想，以中庸之道作为“修身”的标准和“齐家”的准则，认为人们只有真正领会和贯通中庸思想的实质，才能达到“齐家”的目的。这里也显示出了儒家思想与一般宗教的不同，因为它不只局限于个人的内德修养，更注重强调其学说的社会功用性；它并不满足于个人成德，而是要使天下人都能过上幸福的日子，成为有道德的人，成就天下大治，以作为其学术所能实现的理想而奋斗。

第十章　释“齐家治国”

【原文】

所谓治国必先齐其家者，其家不可教[1]，而能教人者，无之。故君子不出家而成教于国[2]。孝者，所以事君也[3]。弟者，所以事长也[4]。慈者，所以使众也[5]。

《康诰》曰：“如保赤子[6]。”心诚求之，虽不中[7]，不远矣。未有学养子而后嫁者也[8]。

【注释】

〔1〕教：教育，教化。

〔2〕成教：成功地教化，感化。

〔3〕孝者，所以事君也：儒家认为，人能孝敬亲，就能够侍奉好君，因为君与父是最尊严的。而且，孝亲是事君的基础。

〔4〕弟者，所以事长也：弟（tì），通“悌”。长，指兄长，这里指官吏。意为，人能敬兄，就自然能敬事官吏。

〔5〕慈者，所以使众也：意为，人能慈爱下辈，就自然可以役使众人。

〔6〕如保赤子：《尚书·周书·康诰》篇为“若保赤子”，是周成王告诫康叔的话。意为，对一切人都要保护他如新落地的婴儿一样。

〔7〕中（zhòng）：中节，符合。

〔8〕未有学养子而后嫁者：意为，如同女人不必先学养儿子的方法而后去嫁人。

【译文】

所以治理国家必先整治自己的家族，自己的家族不能教育好，而能教育好别人，那是没有的事。所以君子不出家族也能成功地教化邦国。家族中讲求的孝道可以用来侍奉国君，悌道可以用来侍奉长辈，慈道可以用来指挥民众。

《康诰》说："爱护民众就像母亲爱护初生婴儿一样。"内心真诚地追求爱护民众，虽然不能完全符合，但也不会相差很远。生活中没有见过先学抚养孩子然后才出嫁的女子。

【原文】

一家仁，一国兴仁〔1〕；一家让，一国兴让；一人贪戾〔2〕，一国作乱。其机如此〔3〕。此谓一言偾事〔4〕，一人定国〔5〕。

尧舜帅天下以仁〔6〕，而民从之。桀纣帅天下以暴〔7〕，而民从之。其所令，反其所好〔8〕，而民不从。是故君子有诸己而后求诸人〔9〕，无诸己而后非诸人。所藏乎身不恕，而能喻诸人者，未之有也〔10〕。故治国在齐其家。

【注释】

〔1〕仁：古代儒家一种含义极广的道德范畴。许慎《说文·人部》："仁，亲也，从人、二。"这里指仁爱。

〔2〕贪戾：贪，贪心。戾，音 lì，乖张，罪过。

〔3〕机：朱熹言："发动所由也。"指动机。

〔4〕偾事：偾，音 fèn，覆败。偾事，败事。

〔5〕一人：指君主。

〔6〕尧舜：尧，传说为父系氏族社会后期部落联盟的首领，号陶唐氏，名放勋，史称唐尧，为儒家推崇的圣君。舜，传说为父系氏族社会后期部落联盟的首领，继承尧位，姓姚，号有虞氏，名重华，史称虞舜，为儒家推崇之圣君。帅：通"率"，率领，统帅。

〔7〕桀纣：桀，夏代最后一位君主，名履癸，以暴虐著称，为商汤所灭。纣，商代最后一位君主，一作受，亦称帝辛，亦为暴君，为周武王所灭。

〔8〕好（hào）：喜爱。

〔9〕君子有诸己而后求诸人：意为，君子必定先使自己有了善，而后方可求之于人。

〔10〕"所藏乎"句：意为，自己没有推己及人的恕道，而想要别人听从，是一定办不到的。恕，儒家伦理准则之一。孔子重恕道，《论语·卫灵公》篇上有言："其恕乎！己所不欲，勿施于人。"指自己不愿做的，也不去劝别人做，应推己及人。喻，使人明白。

【译文】

舜

君主的家族仁爱相亲，整个邦国就会兴起仁爱相亲的风气；君主的家族谦恭礼让，整个邦国就会兴起谦恭礼让的风气；君主一人贪暴，整个邦国就会动乱。事情的关键就是这样，这叫做“君主一人能够坏事，君主一人可以安国”。

尧，舜用仁爱来统率天下，天下人也跟着实行仁爱；桀、纣用贪暴来统率天下，天下人也跟着变得贪暴。君主号召人民实行仁爱而自己嗜好贪暴，人民是不会听从他的。所以君子自身具有了美德而后才能要求他人修养美德；君子自身不沾染恶习而后才能禁止他人接近恶习。自身有不合于恕道的心念，却能教育别人行恕道，从来没有这样的事。因此治理国家在于整治好自己的家族。

【原文】

《诗》云：“桃之夭夭，其叶蓁蓁。之子于归，宜其家人〔1〕。”宜其家人，而后可以教国人。《诗》云：“宜兄宜弟〔2〕。”宜兄宜弟，而后可以教国人。《诗》云：“其仪不忒，正是四国〔3〕。”其为父子兄弟足法，而后民法之也〔4〕。此谓治国在齐其家。

【注释】

〔1〕“桃之夭夭”句：此段出自《诗经·周南·桃夭》篇。夭夭（yāo yāo），美丽，姣好。朱熹言：“夭夭，少好之貌。”蓁蓁（zhēn zhēn），毛亨言：“蓁蓁，至盛 貌。”之子于归，这女子要出嫁了。宜其家人，要与一家人和睦。宜，朱熹言：“犹善也 。”

〔2〕宜兄宜弟：此句出自《诗经·小雅·蓼萧》篇。意为和睦兄弟。

〔3〕“其仪不忒”句：出自《诗经·曹风·鸣鸠》篇。仪，仪容，威仪。忒，音 tè，差错。 意为，他的态度真端庄，是四方各国的榜样。

〔4〕“其为父子”句：意为，正因为一家父子兄弟都能相互效法，尔后百姓自然就效法了。

【译文】

《诗》说："桃树长得多么茂盛，它的叶子光润碧绿；这个女孩儿就要出嫁，她使家人和睦相处。"自己的家人和睦相处，然后才可以教育国人。《诗》说："兄弟之间和睦相处。"兄弟之间和睦相处了，然后才可以教育国人。《诗》说："他的威严仪表没什么差错，可以领导四方国家。"做父亲的慈爱，做子女的孝顺，做兄长的友爱，做弟妹的恭敬，他们的言行都值得效法，然后人民才效法他。这些说明了治理好国家在于整治好家族。

【朱熹提示】

右传之九章，释"齐家治国"。

【译文】

朱熹说，上面一段是传文的第九章，是解释"齐家治国"的。

【赏析】

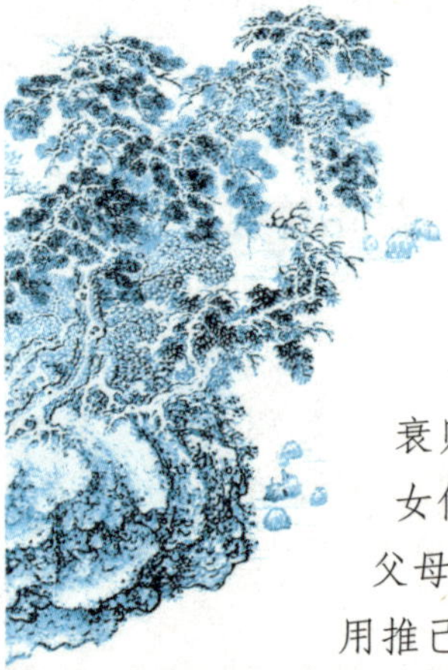

本章着重论述"齐家"对于"治国"的重要性。"齐家"就是把自己的家族整顿好，要想把自己的家族整顿好，就必须把"孝"、"悌"、"慈"作为维护家庭内部关系的根本道德规范。

中国古代社会是宗法社会，是一个家庭统治千百万个家庭的社会。国君的家族十分庞大，家族内部常有纷争，纷争便会导致流血，甚至导致衰败。所以管理好家庭和整个家族是件大事。如果子女做到孝顺父母，兄弟姐妹之间做到互相帮助、友爱，父母做到对子女仁慈热爱，那么家庭内部自然安定团结。用推己及人的恕道，把这种观念推广到社会上，也同样适用。君与臣的关系，君臣与民的关系也用"孝"、"悌"、"慈"来协调。用"孝"事君，用"悌"事长，用"慈"联系群众，使国家内部的各种关系得以协调发展。后儒把它概括成"推己及人"的原则，现在人们还用这一原则思考，如换位思考，即替别人想一想，就是这种精神的体现。

第十一章　释“治国平天下”

【原文】

所谓平天下，在治其国者。上老老[1]，而民兴孝；上长长，而民兴弟[2]；上恤孤，而民不倍[3]。是以君子有絜矩之道也[4]。

【注释】

〔1〕老老：前一“老”字作动词，作孝养解。后一“老”字作老人解。意指孝养老人。

〔2〕长长（zhǎng zhǎng）：前一“长”字作敬重解，后一“长”字作长辈解。意为敬重长辈。弟，通“悌”，敬重兄长。

〔3〕恤孤：恤，体恤，周济。孤，幼丧父称孤。倍，与“背”同，遗弃，背弃。

〔4〕絜（xié）矩之道：絜，衡量，量度之意。矩，制作方形的工具。儒家伦理规范，指君子的言行要有道德的示范作用。絜矩，郑玄注：“絜，犹结也，挈也；矩，法也。君子有挈法之道，谓常执而行之，动作不失之。”

【译文】

所谓使天下太平在于治理好自己的国家，这是因为处上位的人孝敬老人，就会兴起孝敬之风；处上位的人尊敬长辈，就会兴起敬上之风；处上位的人怜惜孤寡，民众就不会互相背弃。因此君子应该在道德上起到规范和示范的作用。

【原文】

所恶于上，毋以使下[1]；所恶于下，毋以事上；所恶于前，毋以先后；所恶于后，毋以从前；所恶于右，毋以交于左；所恶于左，毋以交于右。此之谓絜矩之道[2]。

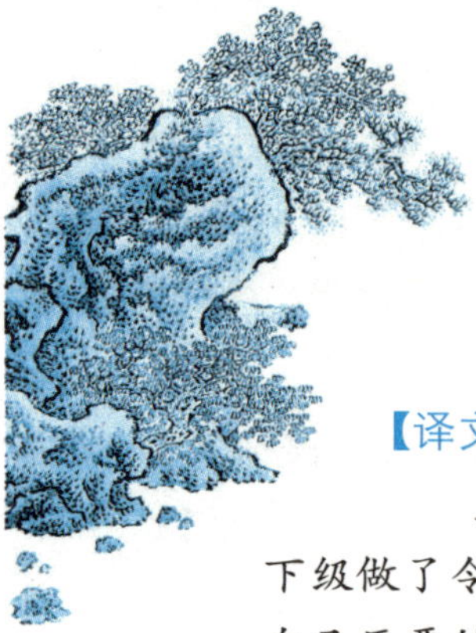

【注释】

〔1〕恶（wù）：讨厌，憎恨。毋，不要。

〔2〕絜(xié)矩之道：絜，度量；矩，作方的量具。以自己合于礼仪准则的言语、行为，去影响并规范他人的言语和行为，这种方法叫作“絜矩之道”。

【译文】

上级做了令自己厌恶的事，不要用来对待下级；下级做了令自己厌恶的事，不要用来对待上级；前辈做了令自己厌恶的事，不要用来对待后辈；后辈做了令自己厌恶的事，不要用来对待前辈；右边的人做了令自己厌恶的事，不要用来对待左边的人；左边的人做了令自己厌恶的事，不要用来对待右边的人。这就叫做道德上的规范和示范作用。

【原文】

《诗》云：“乐只君子，民之父母[1]。”民之所好好之，民之所恶恶之，此之谓民之父母。

《诗》云：“节彼南山，维石岩岩。赫赫师尹，民具尔瞻[2]。”有国者不可以不慎，辟则为天下僇矣[3]。

《诗》云：“殷之未丧师，克配上帝。仪监于殷，峻命不易[4]。”道得众则得国[5]，失众则失国。

【注释】

〔1〕乐（luò）只（zhì）君子，民之父母：见《诗经·小雅·南山有台》。意指，欢乐的君子，能与民甘苦与共，爱民如子，而民爱之如父母。

〔2〕“节彼南山”句：此段见《诗经·小雅·节南山》篇。节，高大的样子。南山，指终南山。岩岩，毛亨言：“岩岩，积石貌。高峻的样子。”赫赫，威严的样子。师，太师。师尹，周太师尹氏。具，俱。瞻，视。

〔3〕辟：通“僻”，偏僻。僇（lù），通“戮”，杀戮。

〔4〕“殷之未丧师”句：殷，商。师，众。朱熹言：“又言殷未失天下之时，其德足以配乎上帝矣。”仪，《诗经》作“宜”。监，观察。峻，大。不易，难保。朱熹言：“宜以为鉴而自省焉，则知天命之难保矣。”

〔5〕道：言。

【译文】

《诗》说："快乐的君子，是民众的父母。"喜欢民众所喜欢的，厌恶民众所厌恶的，这就叫做民众的父母。

《诗》说："那巍峨的终南山啊，层峦叠嶂多么危险。光明显赫的尹太师啊，人民都惟你是瞻。"统治国家的人不能不谨慎，有所偏差就会被天下百姓所诛戮。

《诗》说："殷朝还没有丧失民心的时候，还能够符合上天的旨意。借鉴殷朝，鉴戒自己，遵行大命，真不容易！"这是说统治者遵循道就会得到民众的拥护，从而会得到国家；否则就会失去民心，从而失去国家。

【原文】

是故君子先慎乎德[1]。有德此有人[2]，有人此有土[3]，有土此有财，有财此有用[4]。德者本也，财者末也。外本内末，争民施夺[5]。是故财聚则民散，财散则民聚[6]。是故言悖而出者，亦悖而入[7]；货悖而入者，亦悖而出。

【注释】

〔1〕先慎乎德：先要谨守自己的道德。

〔2〕此：这样。有人，即得众。

〔3〕有土：即得国。

〔4〕有用：可供国家之用。

〔5〕"外本内末"句：外，作疏远解。内，作亲近解。争民，与民争利。施夺，施行劫夺。

〔6〕财聚则民散，财散则民聚：朱熹言："外本内末故财聚，争民施夺故民散，反是则有德而有人矣。"

〔7〕言悖而出者，亦悖而入：悖，逆。意为，君主关于政教之言有悖逆于民心，则百姓必以悖逆之言而对付。

【译文】

因此国君首先要修养自己的道德，有了美德就能得到民众拥护，有民众拥护就能得到土地，有土地就有财富，有财富就有国家的用度开支。美德是根本，财富是末梢。如果国君表面讲道德内心重财富，就会争民财而夺民利。因此聚敛财富人民就会离散，施散财富人民就会凝聚。所以说出背理的话就会受到背理的对待；聚敛背理的财富，就会背理而失去财富。

【原文】

《康诰》曰："惟命不于常[1]。"道善则得之，不善则失之矣。《楚书》曰："楚国无以为宝，惟善以为宝[2]。"舅犯曰："亡人无以为宝，仁亲以为宝[3]。"

【注释】

〔1〕《康诰》：《尚书》的篇名。惟命不于常：惟，惟独。命，天命。惟独天命是无常的。

〔2〕《楚书》：指《国语·楚语》。《国语·楚语》记载：楚大夫王孙圉到晋国行聘礼，晋国赵简子问起楚国的国宝白珩璧玉之事。王孙圉回答说：楚国并不以白珩璧玉为宝，而是以观射父和左史倚相两个善人为宝。这个故事说明楚国能够内本外末。

〔3〕舅犯：晋文公母舅狐偃，字子犯。亡人：出亡在外之人。《礼记·檀弓》记载：晋公子重耳出亡在翟国，舅犯随行。晋献公丧，秦穆公遣使至翟吊问，并劝公子重耳趁机返国夺取君位。舅犯劝阻说："孺子其辞焉。丧人无宝，仁亲以为宝。"这件事说明晋文公也能内本外末。

【译文】

《康诰》说："惟独天命是无常的。"君主行善道就得天命；行不善道就失去天命。《国语·楚语》说："楚国不以白珩璧玉为宝，而是以观射父和左史倚相两个善人为宝。"舅犯说："出亡在外的人没有什么宝，就是以仁亲为宝。"

【原文】

《秦誓》曰[1]："若有一个臣，断断兮[2]，无他技，其心休休焉[3]。其如有容焉。人之有技，若己有之。人之彦圣[4]，其心好之，不啻若自其口出[5]。

寔能容之[6]，以能保我子孙黎民，尚亦有利哉。人之有技，媢疾以恶之[7]；人之彦圣，而违之俾不通[8]，寔不能容，以不能保我子孙黎民，亦曰殆哉[9]。”

【注释】

〔1〕《秦誓》：《尚书·周书·秦誓》。秦穆公伐郑，到了崤地，为晋国所败，穆公归后作此誓以告诫群臣。

〔2〕断断：诚实，真诚不二的样子。

〔3〕休休：宽容向善之谓。

〔4〕彦圣：彦，美。圣，通明。指才德兼美。

〔5〕啻（chì）：但，异于。

〔6〕寔（shí）：同“实”，意为实，实在。《尚书·仲虺之诰》有“寔繁有徒”。

〔7〕媢（mào）：妒忌。

〔8〕违之俾不通：违，阻抑。俾（bǐ）使。阻挠使其不被重用。

〔9〕殆：危险。

【译文】

《秦誓》说：“如果有这样一个臣子，他忠诚老实而无一技之长，心胸宽广而能包容一切。别人有技艺，就像自己有技艺；别人有美好德行，他衷心喜欢，一如自己口中说出那样。这种人真的能包容一切，因此能保护我的子孙和百姓，而且能为我的子孙和百姓谋利益。如果别人有技艺，就嫉妒厌恶他；别人有美好的德行，就压制阻止，使他不能上达于国君。这种人确实不能容人，因此不能保护我的子孙和百姓。要是重用这种人，那就太危险了。”

【原文】

唯仁人放流之，迸诸四夷[1]，不与同中国。此谓唯仁人为能爱人，能恶人。见贤而不能举[2]，举而不能先，命也。见不善而不能退，退而不能远，过也。好人之所恶，恶人之所好，是谓拂人之性[3]，菑灾必逮夫身[4]。是故君子有大道，必忠信以得之，骄泰以失之[5]。

【注释】

〔1〕迸诸四夷：迸，屏。驱逐到边远的夷狄地方去。

〔2〕举：举用，任用。

〔3〕拂：违反。

〔4〕菑灾必逮夫身：逮，及。灾祸必然加到自己身上来。

〔5〕骄泰：骄，骄傲。泰，侈肆。

【译文】

对于这种妒嫉的人，只有仁德的人能够流放他们，把他们驱逐到夷狄的地方，不使他们和中国同教化。这叫做只有仁人能够爱人，能够恶人。见到贤德的人不能举用，即使举用了也不能放到前列就位，这只好怨命运了。见到不善的人不能辞退，即使辞退了而不能远离开，这就是过错了。喜欢别人所不喜欢的，讨厌别人所爱好的，这叫做违反人性，这样灾祸必然要加到自己身上来。所以君子处事重要的一条就是：凡事必须依据忠信来求得，骄傲跋扈就要失败。

【原文】

生财有大道．生之者众，食之者寡，为之者疾〔1〕，用之者舒〔2〕，则财恒足矣。

仁者以财发身〔3〕，不仁者以身发财。未有上好仁而下不好义者也〔4〕，未有好义其事不终者也〔5〕，未有府库财非其财者也。

【注释】

〔1〕疾：疾速，迅速，不夺农时。

〔2〕舒：舒缓，量入为出。

〔3〕以财发身：散财以得民。发，起。

〔4〕义：宜，正义，指思想行为合于一定的道德准则。《左传·隐公元年》有：“多行不义，必自毙。”

〔5〕终：成功。

【译文】

创造财富有大原则：生产财富的人多，消耗财富的人少，掌管财富的人勤快，耗用财富的人节俭，这样国家的财富就可以经常保持充足。

有仁德的人用财富发扬自身德行，没有仁德的人用生命聚敛财富。没有处上位的人爱好仁德而处下位的人不喜欢道义的，没有喜欢道义而不能把事业进行到底的，没有府库中用仁德得来的财物最终不属于自己的。

【原文】

孟献子曰〔1〕：“畜马乘不察于鸡豚〔2〕，伐冰之家不畜牛羊〔3〕，百乘之家不畜聚敛之臣〔4〕，与其有聚敛之臣，宁有盗臣〔5〕。”此谓国不以利为利，以义为利也。

长国家而务财用者〔6〕，必自小人矣。彼为善之〔7〕，小人之使为国家，菑害并至。虽有善者，亦无如之何矣〔8〕！此谓国不以利为利，以义为利也。

【注释】

〔1〕孟献子：姓仲孙名蔑，鲁国贤能的大夫。

〔2〕“畜马乘”句：畜马乘，朱熹注：“士初试为大夫者也。”乘（shèng），用四匹马拉的车子。察，细察，关注。豚，猪。

〔3〕伐冰之家：古时卿大夫之家，丧祭用冰来保存遗体。伐，击。

〔4〕“百乘之家”句：百乘之家，指有封邑的诸侯之家。聚敛之臣，搜刮钱财的官吏。

〔5〕盗臣：如强盗一般的臣子。

〔6〕长（zhǎng）：指国家的君主。

〔7〕彼：指君长。

〔8〕无如之何：没有法子挽救了。

【译文】

孟献子说：“喂养四匹马来拉车的大夫家族，就不管喂鸡养猪的事了；能够凿冰来保存遗体的卿大夫家族，就不喂养牛了；拥有百辆兵车有封邑采地的卿大夫家族，不豢养能聚敛财富的家臣，与其有能聚敛财富的家臣，宁有可盗窃主人财物的家臣。”这是说国家不能以财富为利，要以道义为利。治理国家的人专门聚敛财富，一定是听从小人的教唆。治理国家的人想要治理好国家，却让小人来治国，那么灾难祸害将一起降临。国君虽然有好的愿望，也无可奈何了。这就是说国家不能以财富为利，要以道义为利。

【朱熹提示】

右传之十章，释“治国平天下”。凡[1]传十章。前四章统率纲领旨趣[2]；后六章细论条目[3]工夫。其第五章乃明善之要，第六章乃诚身之本；在初学尤为当务之急，读者不可以其近[4]而忽之也。

【注释】

〔1〕凡：总计，总共。

〔2〕统：全面的意思。纲领：总纲。旨趣：宗旨。

〔3〕条目：细目，对“纲领”而言。工夫：素养，工力。

〔4〕近：这里指“浅近”。

【译文】

朱熹提示说：上面一段是传文的第十章，是解释“治国平天下”的。总计传文有十章。前四章全面论述总纲的宗旨；后六章详细讨论细目和着力之所在。那第五章阐明的是“至善”的要领，第六章是“修身诚意”的根本；对初学的人来说，尤其是当务之急，读者不要以为浅近而把它忽视了。

【赏析】

“治国平天下”是“八条目”的最高宗旨，也是做人的最高标准。本章申明以利为利之害，指出，治国者欲平天下，关键在于与民同好恶而不专于利。只有这样，人人才能各得其所，才能天下太平。

本章重点提高了统治者应当严格遵守的“絜矩之道”。即所恶于上，毋以使下；所恶于下，毋以事上；所恶于前，毋以先后；所恶于后，毋以从前；所恶于右，毋以交于左，毋以交于右。作者在这里以儒家传统的“仁政”思想为理论依据，强调了“己所不欲，勿施于人”的观点，要求统治者以身作则，“民之所好好之，民之所恶恶之”。因为天命由民心来决定，“得众则得国，失众则失国”。接着，作者进一步指出，德是根本，财是枝末，论述了德与人、土、财、用的关系。有德才能得众有人，得众有人才能有土立国，有土立国才能有财货，有财货用才能满足。治国者不能与民争财，财是大家所同欲的，不能做到与大家同欲，而要专欲，人民就要起来争夺了。财货不是本不是宝，只有善和善人才是本、才是宝。

其次，篇中还强调了“举贤才”的重要性，认为应当把忠实、宽厚作为选才的标准，以防那些嫉妒和憎恶别人才能的小人得到重用。因为只有贤智的人才能将国家治理好，所以统治者必须爱憎分明，唯才是举，对德才兼备的人应当及时选拔任用，对那些言行不善的人则应当坚决将其流放到边远的地方。只有这样才会对民众和国家有利。

全文最后一部分阐释了“德与财”、“义与利”的基本关系，强调了“德”、“义”对于治国的重要意义。君子靠忠信得天下，骄奢淫逸便会失天下。如果只一味贪图自身的享受，过度地与民争利，甚至伤民之力，那就离亡国不远了，正如本文所说：“好人之所恶，恶人之所好，是谓拂人性，灾必逮夫身。”因此只有“重德轻财”、“重义轻利”才是治国原则，才是君主所该具有的品德。

中　庸

第一章　纲领

【程子提示】

子程子曰：不偏之谓中，不易之谓庸。中者，天下之正道；庸者，天下之定理。此篇乃孔门传授心法[1]，子思[2]恐其久而差也，故笔[3]之于书，以授孟子[4]。其书始言一理，中散为万事，末复合为一理。放之则弥六合[5]，卷之则退藏于密[6]，其味无穷，皆实学也。善读者玩索[7]而有得焉，则终身用之，有不能尽者矣。

【注释】

〔1〕心法：口授心得的方法，非笔墨所能尽传。

〔2〕子思：子思（前483—前402）是战国初哲学家，姓孔，名伋，孔子之孙。相传曾受业于曾子。他把儒家的道德观念“诚”说成是世界的本原，以“中庸”为其学说的核心。孟子曾受业于他的门人，将其学说加以发挥，形成了“思孟学派”。后被封建统治者尊为“述圣”。《汉书·艺文志》著录的《子思》二十三篇，已佚。现存《礼记》中的《中庸》、《表记》、《坊记》等，相传是子思的著作。

〔3〕笔：这里是名词活用，作动词，为“记录”的意思。

〔4〕孟子：孟子（前372—前289年），战国时思想家、政治家、教育家，名轲，字子舆。邹（今山东邹县东南）人。受业于子思的门人。历游齐、宋、滕、魏等国，一度任齐宣王客卿。因主张不见用，退而与弟子万章等著书立说。在儒家哲学中形成一个唯心主义的理论体系，对后来宋儒有很大影响，被认为是孔子学说的继承者，有“亚圣”之称。著作有《孟子》。

孟　子

〔5〕弥：满、遍。六合：指天地四方，也泛指天下。

〔6〕密：此指隐秘的内心。

〔7〕玩索：领会探求。

【译文】

夫子程颐先生说：不偏于一方叫做“中”，不改变常规叫“庸”。“中”的意思是天下的正道，“庸”的意思是天下的定理。这篇《中庸》是孔门传授心得的方法，子思恐怕年代久了传授会有差错，所以把它写录成书，传授给孟子。这本书开始只说一个道理，中间分开为各种事体，最后又综合起来归结到一个道理上来。这个道理，放开来可以充塞天地四方，收拢来可以深藏于隐密的内心。它的意味是无穷的，都是实实在在的学问。善于读书的人如果反复领会探求，心里必然会有所收获，那就一辈子也受用不完了。

【原文】

天命之谓性〔1〕，率性之谓道〔2〕，修道之谓教〔3〕。道也者，不可须臾离也〔4〕，可离非道也。是故君子戒慎乎其所不睹〔5〕，恐惧乎其所不闻〔6〕。莫见乎隐〔7〕，莫显乎微〔8〕，故君子慎其独也〔9〕。

【注释】

〔1〕天命之谓性：天，即是自然界。命，令。性，指人性。意为，人性皆自然所赋予。

〔2〕率性之谓道：率，循。道，路，引申为人们必须遵循生命准则。意指，人道当遵循人性之自然。

〔3〕修道之谓教：修，修养，品节。教，教化。意为，人能修人道以教化于人。

〔4〕须臾：片刻，一息。

〔5〕戒慎乎其所不睹：戒慎，警戒谨慎。睹，看见。意为：君子对于做人的道理，虽不目睹，也要警惕谨慎。

〔6〕恐慎：担心之意。闻，听到。

〔7〕莫见乎隐：隐，暗得看不见的地方。指君子对于人道，即使在暗得看不见的地方，也要发现它。

〔8〕莫显乎微：微，细得看不见的事物。指君子在细得看不见的事物上，也要表现人道。

〔9〕慎其独：独，人所不知而己所独知之地。指在一人独处之时尤要谨慎。

【译文】

天赋予人的品德就叫做性，遵循事物本性和运动变化的规律叫做道，使人修养遵循道就叫做教。道，不可以片刻离身，可以片刻离身的就不是道了。君子在没有人看见的时候也谨慎检点，在没有人知道的时候也生怕违背了道，即使在隐蔽之处，或在细小的事情上，也没有离道的表现。所以君子一人独处时也十分谨慎。

【原文】

喜怒哀乐之未发，谓之中〔1〕；发而皆中节，谓之和〔2〕。中也者，天下之大本也〔3〕；和也者，天下之达道也〔4〕。致中和，天地位焉，万物育焉〔5〕。

【注释】

〔1〕“喜怒哀乐”句：朱熹解为：“喜、怒、哀、乐，情也。其未发，则性也，无所偏奇，故谓之中。”是说：人人都有喜怒哀乐，但其发不免过或不及。只有未发之时，才能无过或不及之弊病，此称为“中”。

〔2〕“发而皆中节”句：中（zhòng）符合，合乎。意为，人将喜怒哀乐发了出来，也能不过不及，这就叫“中节”。发了皆能中节，就叫做“和”。

〔3〕大本：天下万事万物之本源。朱熹云：“天命之性，天下之理皆由此出，道之体也。”

〔4〕达道：天下皆可通行。朱熹注：“达道者，循性之谓，天下古今之所共由，道之用也。”

〔5〕位：安其所。育，遂其生。

【译文】

喜怒哀乐的情感没有表现出来的时候就叫做中，表现出来而符合法度常理就叫做和。中，是天下一切情感和道理的根本；和，是天下一切事物的普遍原则。达到了中和的境界，天地便各就其位而运行不息，万物就各得其所而生长繁育了。

【朱熹提示】

右第一章，子思述所传之意以立言。首明道之本原出于天而不可易，其实体备于己而不可离，次言“存

养省察”之要，终言“圣神功化”之极。盖欲学者于此，反求诸身而自得之，以去夫外诱之私，而充其本然之善，杨氏[1]所谓一篇之体要是也。其下十章，盖子思引夫子之言，以终此章之义。

【注释】

〔1〕杨氏：杨时，字中立，宋代将乐（今福建将乐县）人。北宋理学家，官至龙图阁直学士。先后受业于程颢、程颐。朱熹、张栻的学说，皆渊源于杨氏。

【译文】

朱熹说，上面一段是第一章，子思传述孔子的意见以创立《中庸》。首先说明“道”的本原是出于天而不可变更的，“道”的实体存在于我们自身而不可分离；其次说明“存养省察”功夫的要点；最后说到“圣神功化”的最高境界。目的不外乎是想使那些做学问的人，反过来要求自己而领悟出它的道理。去除由于外界的引诱而产生的私欲，使天然的本性充实起来。这就是杨时先生所说的：这一章是《中庸》一书的纲领。以下十章，是子思引述孔子的话，来讲清这一章的含意的。

【赏析】

本章是全篇的纲要，统领以下各篇章。在本章中，作者主要提到了“天命论”、“人性论”，“教化”、“君子”、“慎独”和“中和”等儒家哲学和伦理学方面的问题。所谓“天命”，并不是指富贵、贫贱、寿夭等命定内容，而是指自然规律，放之于人就是指个人的禀赋。这种禀赋是自然形成的，已经包含了道德方面的内容。人的这种社会关系的总和就是人性，人性本是善的，但具有变易性和可塑性。儒家思想一向认为，人群中除少数智者之外，都必须接受智者的教化。孔子不仅主张富民，更主张教民，使他们符合伦理和道德规范的要求。从道入手，修饰品节，这就是教化。

另外，在本章中，作者还提出了“君子”这个概念，儒家思想中，君子是有理想、有抱负、有崇高人格的贤者，与“小人”相反，是儒家孜孜以求的理想人格形象。在修养方法上，文中提出了“慎独”的说法，即在个人独处时，也能坚持自己的道德信念。最后，还提到了“中和”的概念，儒家认为喜怒哀乐未曾发时称为中，如果发出来，不偏不倚谓之和。如果大家都达到了“中和”的境界，自然和社会就会和谐，天下也就太平了。

第二章　知人

【原文】

仲尼曰[1]："君子中庸[2]，小人反中庸。君子之中庸也，君子而时中[3]；小人之中庸也，小人而无忌惮也[4]。"

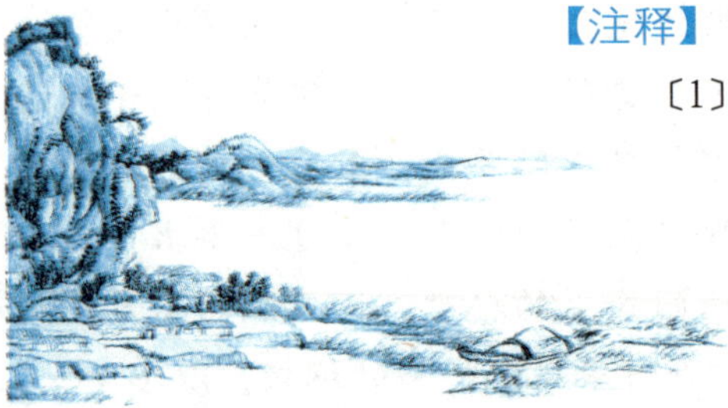

【注释】

〔1〕仲尼：孔丘，字仲尼，鲁国陬邑（今山东曲阜东南）人。春秋末期思想家、教育家，儒家学派创始人。

〔2〕中庸：朱熹注云："不偏不倚，无过不及，而平常之理，乃天命所当然，精微之极致也。惟君子为能体之，小人反是。"中庸为儒家伦理准则，指为人处世应不偏不倚，不过不及。何晏集解："庸，常也，中和可常行之道。"

〔3〕时中：指喜怒哀乐时时中节。

〔4〕无忌惮：就是无所顾忌，无所禁忌。

【译文】

仲尼说："君子常守中庸的道德标准，小人则违背中庸的道德标准。君子常守中庸的道德标准，表现为君子每时每地都恪守中庸之道。小人违背中庸的道德标准，表现为小人所作所为毫无忌惮。"

【朱熹提示】

右第二章。

【译文】

朱熹提示说，上面一段是第二章。

【赏析】

在本章中，作者提出了“时中”的概念，同时也对“中和”与“中庸”进行了比较，指出了两者的区别。中和是指道德修养达到某种和谐的境界，喜怒哀乐不曾发出，发出也不偏不倚，无过无不及。“中无定体，随时而在”，即处于变动不居之中，而随时都处于中和的状态，这就是“时中”。儒家思想认为，君子具有“中和”的德行，又随时都能保持这种状态，戒慎恐惧，所以能体现出中庸。而小人却不知自我修养，任意做作，胡乱妄为，肆无忌惮，好走极端，言行非过就是不及，与中庸正好相反。

另外，孔子提到的“中”是以周礼为标准的，他认为，办事超过了礼或达不到礼的规定，就像没有按照周礼去做一样。后世儒家继承并发扬了这一学说，并把中庸当成了道德修养的最高标准。在儒家经典著作中，很少有直接分析论说“中庸”，但许多地方都贯穿了“中庸”的思想。“中庸之道”无论于古于今都有其积极意义，而后人把“中庸”理解为平庸、保守、不求上进，则是一种误解，是应该更改的。

第三章　正心

【原文】

子曰：“中庸其至矣乎！民鲜能久矣[1]！”

【注释】

〔1〕“子曰”句：子，指孔子。此句见《论语·雍也》篇。原句为：子曰：“中庸之为德也，其至矣乎！民鲜久矣。”鲜，少。

【译文】

孔子说：“中庸可以说是最完美的道德了，然而人们是很少能够长久地实行它。”

【朱熹提示】

右第三章。

【译文】

朱熹提示说，上面一段是第三章。

【赏析】

本章与《论语·雍也》中“中庸之为德也，其至矣乎！民鲜见矣”一句意思十分接近，而且这是《论语》中唯一明确提到“中庸”一词的句子。孔子认为，中庸属于道德行为的评价问题，同时也是一种德行，并且是最高的德行。也正因为它是最高的德行，所以人们对它通常难以把握。既要不偏不倚，又要无过无不及。在两端中寻找平衡点，在动静中做得恰到好处，这是相当困难的事情。即使在孔子的众多弟子中，孔子认为他们在气质、作风、德行上都各有所偏，不能在对立的两方面找到平衡点，以达到互相牵制、互为补充，是不符合中庸之道的，必须要对他们的品质和德行加以纠正。

折中调和，达到平衡，即为中庸。这无论在自然界还是在人类社会中，都是事物发展过程中的一种状态，也是最终目的，世界就是在平衡—不平衡—平衡中不断循环发展的。另外，孔子告诫人们在思想、言论和行为上都不要出现偏激行为，这在现在也是很有教育意义的。

第四章　正心

【原文】

子曰：“道之不行也〔1〕，我知之矣，知者过之〔2〕，愚者不及也；道之不明也〔3〕，我知之矣，贤者过之，不肖者不及也〔4〕。人莫不饮食也，鲜能知味也。”

【注释】

〔1〕道：指中庸之道。

〔2〕知（zhì），指聪明有智慧之人。

〔3〕明：了解。

〔4〕不肖者：指品德不好的人。

【译文】

孔子说："中庸的道理不能够实行，我知道原因了，这就是聪明的人做得过头，愚笨的人达不到它的要求。中庸的道理不能昭示于世，我知道原因，这就是贤能的人做得过头，不贤的人又达不到它的要求。就像人们没有不吃不喝的，但很少有人知道其中的滋味。"

【朱熹提示】

右第四章。

【译文】

朱熹提示说，上面一段是第四章。

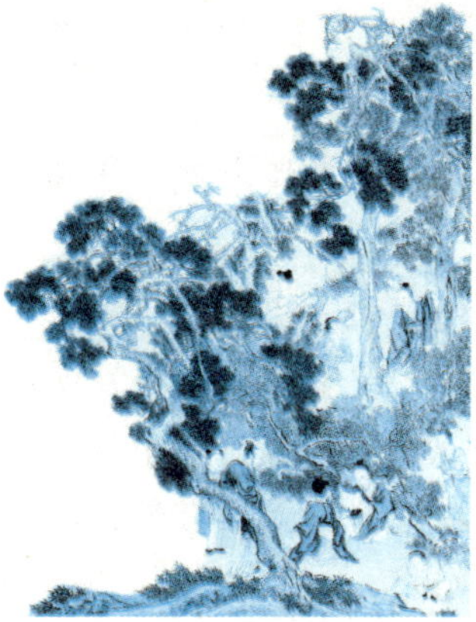

【赏析】

中庸的主要观点就是不偏不倚，无过无不及，本章就是"过"与"不及"讨论的继续。智者与愚者、贤能与不肖，是对立的两种人群。无论是在实践上还是在认知上，智者与贤能总是做得过了头，而愚者与不肖总是做得不足，无论是太过还是不及，都没有恰到好处，都是不符合中庸之道的。人们对道的理解，如同吃喝一样，人们每天都在吃喝，却很少有人从中真正品出滋味来，同样真正能领悟到中庸真谛的人真是少之又少。

道在儒家思想中是一个重要的内容，关系到治国安邦的问题，同时也是立身处世的基本原则。在现实中，人们不能实现它，原因就在于人们不能恰当地把握好分寸，不是"过之"就是"不及"。"过之"则破坏了治国与做人的根本原则，对礼制的恢复与建设也有阻碍作用，这与"不及"实质是一样的。

第五章　修身

【原文】

子曰："道其不行矣夫[1]！"

【注释】

〔1〕夫：音 fú，助词，表示感叹。

【译文】

孔子说："中庸的道理恐怕不能够实行了啊！"

【朱熹提示】

右第五章。

【译文】

朱熹提示说，上面一段是第五章。

【赏析】

在儒家著作中，多次提到"道"这个概念，那么究竟什么是"道"呢？《论语·述而》中说："三年无改于父之道，可谓孝矣。"《论语·季氏》中说："天下有道，礼乐征伐自天子出；天下无道，礼乐征伐自诸侯出。"《论语·公冶长》中写道："宁武子，邦有道，则知；邦无道，则愚。"《论语·雍也》中说："齐一变，至于鲁；鲁一变，至于道。"以上各句道的含义不尽相同，但是指的都是一定的世界观、人生观、政治主张和思想体会，都有条理、法则的意思，具有某种客观的性质和内容。孔子认为人们只有"守道"，只有遵循一定的规范，才能成为君子。但孔子所处的时代，礼乐崩溃，社会变革此起彼伏，朱熹曾说："由不明，故不行。"人们由于对道的内容和重要性没有足够的了解，道不能得到施行，所以孔子也不由地发出这样的感慨。

第六章　审问

【原文】

子曰："舜其大知也与[1]！舜好问而好察迩言[2]，隐恶而扬善，执其两端[3]，用其中于民，其斯以为舜乎！"

【注释】

〔1〕舜：指虞舜。知，音 zhì，同“智”，指智慧。

〔2〕好（hào）问：好，喜爱。好问，指喜欢去请教人。迩言：浅近之言。迩，音 ěr，近。

〔3〕执其两端：指万事万物都有两个方面，如正反、善恶，于善之中能够掌握两端，以达不过不及。

【译文】

孔子说：“舜可算是一个有大智慧的人吧！舜喜欢向别人请教，又善于审察身边的言论，包涵别人的短处而表扬别人的长处，掌握人们认识上过与不及两个方面，取中间的意见施行于民众，这就是舜之所以能成为舜的原因吧！”

【朱熹提示】

右第六章。

【译文】

朱熹提示说，上面一段是第六章。

【赏析】

本章中，孔子对舜做了高度赞扬。孔子通过对舜的赞誉，说明了中庸之道在治国治民方面的巨大作用。孔子认为，古代那些圣明的君主之所以能够很顺利地推行政令，受到人民的拥戴，是因为他们能够隐恶扬善，恰当地把握过与不及，采用中庸的办法来治理国家、安抚民众。舜也是这样，他善于向别人学习，无论言论粗俗与否都用心去听，对不好的话不去计较，对好的言论则到处传扬，如此光明正大的行为使他听到的都是真实的情况，并以此为基础，善于分析，处理事情时做到不偏不倚、无过无不及，恰到好处，这就是舜的大智慧。在本章中，孔子把中庸之道由个人修身养性的基本原则和最高道德标准上升到治国安邦、安抚民众的政治地位，并作为指导思想。由此可见，中庸之道具有广泛的适用性。孔子的目的是希望当时的统治者都能像舜一样，学习中庸之道，用中庸之道来治理国家、统治民众。

第七章　明道

【原文】

子曰："人皆曰予知[1]，驱而纳诸罟擭陷阱之中[2]，而莫之知辟也[3]。人皆曰予知，择乎中庸，而不能期月守也[4]。"

【注释】

〔1〕人皆曰予知：人人都说自己聪明。

〔2〕罟（gǔ）：捕鱼鸟的网。擭（huò）：捕兽的机关。陷阱：陷坑。

〔3〕辟（bì）：同"避"，避免。

〔4〕期（jī）：一整月。

【译文】

孔子说："人们都说自己是明智的，但是在利欲的驱赶下，他们却像禽兽落入网罟、木笼、陷阱一样，不知道躲避。人们都说自己是明智的，但是选择了中庸的道理，却一个月也坚持不下去。"

【朱熹提示】

右第七章。

【译文】

朱熹说，上面一段是第七章。

【赏析】

本章孔子谈到了聪明、智慧的问题。一些人自以为是，好走极端，不知道适可而止；或者当前进时不前进，当后退躲避时不知后退。这种人往往自陷于罗网之中而自己却还不知道。这种人是算不上聪明的，更谈不上具有多么高深的智慧。孔子认为，只有具备了中庸思想，用中庸思想来指导行动，做到不偏不倚，无过无不及，这样才是真正具备了智慧。

在孔子生活的春秋时代，正是一个大变革的时代，地主阶级的兴起，逐渐成为社会、政治、经济、生活中的中坚力量。他们反对因循守旧，主张推动社会进步，这无疑对整个中国历史的发展起到了推动作用。他们以中庸为立身、治世之道，但往往由于过于激进或欲壑难填，好胜、攀比的心理作祟，结果使他们背离了适可而止的原则，因此也偏背了中庸之道，知晓却无法做到持守。难怪孔子要批评他们持守中庸之道连很短的时间都坚持不了，其中也不乏含有淡淡的惋惜。

第八章　正心

【原文】

子曰："回之为人也[1]，择乎中庸，得一善，则拳拳服膺，而弗失之矣[2]。"

【注释】

颜　回

〔1〕回：指颜渊，名回，字子渊，孔子学生，春秋末鲁国人。孔子称赞其德行。早逝，孔子极悲。后被尊为"复圣"。

〔2〕拳拳（quán quán）：忠实地奉行。服，著，放置。膺（yīng）：胸中。弗，不。

【译文】

孔子说："颜回这个人，选择了中庸之道，得到一条有益的道理，就牢牢记在心中，一刻也不忘记它。"

【朱熹提示】

右第八章。

【译文】

朱熹提示说，上面一段是第八章。

【赏析】

本章是上一章的继续。本章记述的是孔子对颜回的赞扬，实际上是对那些坚定不移地持守中庸之道之人的一种肯定。

颜回，是孔子最忠实的学生，也是孔子最欣赏的学生，孔子一直称颜回是他众多弟子中最有道德的一位。在鲁国，少正卯与孔子同时讲学，少正卯讲学十分吸引人，孔门子弟曾三次全部到少正卯席下听讲，只有颜回一人没有离开孔子。只有颜回对孔子的学说深信不疑，唯命是从，把孔子当成唯一的圣人。而孔子也称赞颜回说："贤哉回也？一箪食，一瓢饮，在陋巷，人不堪其忧，回也不改其乐。贤哉回也！"这就是孔子对颜回最好的评价：不仅乐于问道，而且不为贫困所移，坚持操守。对中庸之道，颜回更是如此，把中庸之道牢记在心，真诚信服，不丢不忘，这是极为难得的。孔子更希望他人也像颜回一样学习中庸之道。

第九章　正心

【原文】

子曰："天下国家可均也[1]，爵禄可辞也，白刃可蹈也[2]，中庸不可能也。"

【注释】

〔1〕均：平治。

〔2〕蹈：踩，踏。

【译文】

孔子说："天下国家可以公正地治理，官爵俸禄可以推辞不受，雪白利刃可以踩踏而过，但恪守中庸之道却很难做到。"

【朱熹提示】

右第九章。

【译文】

朱熹说，上面一段是第九章。

【赏析】

在前几章中，孔子多次强调中庸是至高无上的道德准则，强调了实现中庸之难，那么做到中庸究竟有多大的困难。在本章中，孔子用类比的方式做了详细的说明。

对统治者来说，治理好天下是最难的事情，即使你现在拥有百万雄兵，几兆黎民百姓，方圆千里的土地，又有良臣名将的辅佐，但是最终也有可能会引起民怨而导致国破家亡、身败名裂。夏桀、商纣等等都是很好的例子。因此，更不用说那些国力衰弱、人口稀少的国家了。对普通人来说，权力、俸禄是令人神往的事物，多少人为了得到它而费尽心思、不择手段，甚至背信弃义、丧心病狂。还有，在那些锋利的刀刃面前，多少人望而却步、心惊胆战。大治国家，不屑权财，不畏牺牲，这三件事，是人们极难做到的，但依然有像周文王那样以百里之地而得天下的例子，依然有推却权力和俸禄的例子，更有毫不退缩踩踏白刃而行的英雄豪杰。这些需要大智大勇的事情，对他们来说依然可以办到，但对于掌握中庸之道却依旧难上加难。孔子这么类比的目的是希望人人都能重视中庸，从而认真地实行它。

第十章　明道

【原文】

子路问强〔1〕。子曰："南方之强与？北方之强与？抑而强与〔2〕？宽柔以教，不报无道〔3〕，南方之强也，君子居之。衽金革，死而不厌〔4〕，北方之强也，而强者居之。故君子和而不流〔5〕，强哉矫〔6〕！中立而不倚〔7〕，强哉矫！国有道，不变塞焉〔8〕，强哉矫！国无道，至死不变〔9〕，强哉矫！"

【注释】

〔1〕子路：孔子学生，名仲由，字子路。子路好勇，故问孔子什么叫强。

〔2〕抑而强与：抑，选择连词，还是。而，代词，你。意指，还是你自己的强呢？

〔3〕宽柔以教：以宽洪大量、柔和宽忍而教诲人。不报无道，朱熹云：“谓横逆之来，直受之而不报也。”

〔4〕衽（rèn）金革：衽，席。金革，刀枪甲胄之类。死而不厌，死了也不后悔。

〔5〕和而不流：指性格随和但不与流俗相混。

〔6〕强哉矫：形容强者形貌的威严。

〔7〕中立而不倚：倚，偏。只守中庸之道而不偏倚。

〔8〕国有道，不变塞焉：塞，未达。国家有道之时，不改变未达之志向。

〔9〕国无道，至死不变：国家无道之时，宁死不变其操守。

【译文】

子 路

子路问怎样才称得上强。孔子回答说：“你问的是南方的强还是北方的强呢？或者是你自己认为的强？教育人们宽缓柔和，对不讲道义的人不加报复，这是南方人的强，君子就持守这种强。以刀枪为枕，以铠甲而席为卧，驰骋战场死而无悔，这是北方人的强，强悍勇武的人就持守这种强。所以君子与人平和相处而又不丧失自己的原则立场，这才是真正的强啊！君子恪守中庸之道而无偏无倚，这才是真正的强啊！国家政治清明，不因挫折而改变自己的志向，这才是真正的强啊！国家政局混乱，社会动荡不安，至死也不改变自己的道德节操，这才是真正的强啊！”

【朱熹提示】

右第十章。

【译文】

朱熹说，上面一段是第十章。

【赏析】

本章通过子路问、孔子答的方式来解释什么是强的问题，阐述的依旧是“中庸”的问题。

同样是强，它也有不同的类型。孔子把它分为南方之强和北方之强。南方之强“宽厚柔和，不报无道”，即以宽和、柔顺的态度来教人逆来顺受，而不采取报复的手段；北方之强以兵器作枕、铠甲作铺，刚烈强劲，以强力胜人，勇而好斗，死而无悔。孔子认为，这两种强都应是君子或强者应该具备的，但前者似不及，后者似太过，这些都还是不够的，孔子认为中道最贵，把“强”与“中庸”结合起来，就可以做到强而不悍、无坚不摧，既达到和平、和谐又不同流合污、人云亦云，做到不偏不倚，并在任何时候、任何情况下都做到持守正道，坚持中庸思想至死不变，这才是真正的“强”。正如孔子在本章最后提到的那样，真正的强人待人和气不迁就，保持中立不偏倚，国家有道不改去向，国家无道能坚持操守。

第十一章　正心

【原文】

子曰：“素隐行怪〔1〕，后世有述焉〔2〕，吾弗为之矣。君子遵道而行〔3〕，半途而废，吾弗能已矣〔4〕。君子依乎中庸，循世不见知而不悔〔5〕，惟圣者能之。”

【注释】

〔1〕素隐行怪：素，按《汉书》应作“索”。索隐行怪，言深求隐僻的道理，行怪异的行为。

〔2〕述：称述。

〔3〕遵道而行：言能择善遵循大道而行。

〔4〕已：止，停止。

〔5〕“循世”句：意为躲在山林里面，没有人知晓，但仍恪守自己做人的道理。

【译文】

孔子说："世间有人喜欢探索隐僻的事理，做奇异怪诞的事情，后世虽有所称述，我却不去做那样的事。君子遵循中庸之道行事，往往有人半途而废，我却不能够停止。君子依从中庸之道行事，虽然隐居不为人所知也不后悔，这只有圣人才能做到。"

【朱熹提示】

右第十一章。

【译文】

朱熹说，上面一段是第十一章。

【赏析】

春秋时期，礼乐崩溃。孔子在阐述中庸之道时，依然没有脱离礼的原则，依旧紧紧联系实际而进行论述，并非空发议论。

把道理讲得玄而又玄，做出各种怪诞的行为，这些做法都是欺名盗世、违背周礼的做法，从根本上也不符合中庸之道，这些行为自然令圣人所不齿。所以孔子不能接受这样的事情，更不愿意去做这样的事情。孔子认为，真正的君子，应该遵照正确的道路，遵循"道"的原则，持之以恒，坚持走下去。走一半而停下来，半途而废，这是不及的行为，也是圣人所不欣赏的，孔子更是为之不齿。唯有持守中庸之道，不为名利所困扰，不论何时何地何种场合哪怕是隐居山林也是应该持守的。这是一般人难以做到的，只有圣人才能做到。

从本章我们也可以看出孔子是一个主张积极出世的人，遁世而逃避世界以保全自我，一向为孔子所反对，这是他一贯的思想。

第十二章　知物

【原文】

君子之道，费而隐[1]。夫妇之愚，可以与知焉[2]，及其至也，虽圣人亦有所不知焉；夫妇之不肖，可以能行焉，及其至也[3]，虽圣人亦有所不能焉。天地之大也，人犹有所憾[4]。故君子语大，天下莫能载焉[5]；语小，天下莫能破焉[6]。《诗》云：“鸢飞戾天，鱼跃于渊[7]。”言其上下察也[8]。君子之道，造端乎夫妇[9]；及其至也，察乎天地。

【注释】

〔1〕费而隐：朱熹注云：“费，用之广也。隐，体之微也。”言君子之道运用极广大，而体察极微妙。

〔2〕“夫妇”句：言普通如一般夫妇，都能预闻知道。与（yù），动词，预知。

〔3〕及其至也：至于精微深妙之处。

〔4〕“天地之大”句：是说天地是这样的大，人还以不能尽知而有所恨。

〔5〕载：藏载，盛载。

〔6〕破：分析得明白。

〔7〕“《诗》云”句：此见《诗经·大雅·旱麓》。鸢（yuān），鸷鸟。戾（lì），止，到达。

〔8〕察：著，昭著，明显。

〔9〕造端：做起。

【译文】

君子所恪守的中庸之道广大而又精微。匹夫匹妇虽然愚昧，也可以知道一些浅显知识，至于知识的精微之处，即使是圣人也有不知道的；匹夫匹妇虽然不贤，也可以做力所能及的事，至于达到其精妙之处，即使是圣人也有不能达到的。天地如此辽阔广大，人们对它还有不满足的地方。所以君子说起大事来，天下没有人能够承担它；说起小事来，天下没有人能够加以剖分。《诗》说：“鹞儿飞到天上，鱼儿跃入深潭。”这两句诗是比喻中庸之道上达于天下至于地。君子所恪守的中庸之道，发端于匹夫匹妇的浅近知识，推究到深奥精妙处，便昭著于天地万物之间。

【朱熹提示】

右第十二章，子思之言，盖以申明首章“道不可离”之意也。其下八章，杂引孔子之言以明之。

【译文】

朱熹说，上面一段是第十二章，是子思所说的话，阐明第一章所谓“道不可离”的意思。下面八章，则是援引孔子的话来加以阐述。

【赏析】

在本章中，作者重点讲了“道”的问题。

在开篇，作者就提出了“费”和“隐”两个概念。费，指的是道的普遍性和用途的普遍性；隐，指的是道的精微性与隐秘性。作者认为，道与人是片刻都不能分离的，所以具有普遍的可适用性，道是广阔的、无所不在的精神实体，连普通的男女都可以对道的外层含义和初步内容有所了解。但是，要想彻底了解、进入其高深境界，不仅匹夫匹妇难以把握，而且连圣人也不能做到精通，所以道又是微小而隐蔽的东西。

在本章中，作者提到道是大的，大到“天下莫能载”；道是小的，小到“天下莫能破”；又提到道的境界是高深的，圣人都有所不知；又提到道是普遍的，连平常的匹夫匹妇也能知能行。那么我们究竟该如何研究道呢？作者再次提出了中庸的思想方法，这样既避免了人们把道当成可望而不可即的东西而不敢追求，也避免了把道当成一般人都能了解的东西而不屑追求。总之，这两种极端都是要不得的。

第十三章　笃行

【原文】

子曰：“道不远人[1]。人之为道而远人，不可以为道。《诗》云：‘伐柯伐柯，其则不远。’[2]执柯以伐柯，睨而视之[3]，犹以为远。故君子以人治人[4]，改而止。

“忠恕，违道不远[5]，施诸己而不愿，亦勿施于人。

“君子之道四，丘未能一焉[6]：所求乎子，以事父未能也[7]；所求乎臣，以事君未能也；所求乎弟，以事兄未能也；所求乎朋友，先施之未能也。庸德之行，庸言之谨[8]，有所不足，不敢不勉，有余不敢尽；言顾行，行顾言[9]，君子胡不慥慥尔[10]。”

【注释】

〔1〕道不远人：朱熹注言：“道者，率性而已，固众人之所能知能行者也，故常不远于人。”

〔2〕“《诗》云”句：此见《诗经·豳风·伐柯》。柯，毛亨注：“斧柄也”。伐柯，砍斧柄。则，郑玄注：“法也。”样子。

〔3〕睨（nì）：斜眼观看。

〔4〕以人治人：以其人之道，还治其人之身。

〔5〕忠恕：朱熹注云：“尽己之心为忠，推己及人为恕。”违，离开，去。

〔6〕“君子”句：君子之道的四个方面，孔丘一个都做不到。

〔7〕“所求乎子”句：责成我做人子的道理，我却未能以此侍奉父亲。此说是孔子自谦之话。

〔8〕庸德之行，庸言之谨：庸，作平常解。意，我只是实践平常的道德，谨守平常的言论。

〔9〕言顾行，行顾言：所说的话顾到所做的事，所做的事顾到所说的话。

〔10〕慥慥（zào zào）：笃厚忠实的样子。

【译文】

孔子说：“道离人并不远，人在修道过程中故作玄妙高深，以致道远离了人，这样的修道不能称为修道。《诗》说：‘砍伐斧柄啊砍伐斧柄，斧柄的样式就在眼前。’拿着斧柄来砍伐斧柄，斜起眼睛瞄一下，就觉得新旧斧柄相差还很远。所以君子以其人之道还治其人之身，直到人们改正过错为止。能做到忠恕，离中庸之道就不远了。不愿意别人施加给自己的事情，也不要施加在别人身上。君子要遵循的道德有四项，我孔丘连一项也不能做到：要求做子女的要孝顺父母，我自己却不能做到这一点；要求做臣下的要忠于国君，我自己却不能为国尽忠；要求做人弟的要尊敬兄长，我自己却不能做到这一点；要求做朋友的要遵守信用，我自己却未能首先这样做。常按照道德的要求行事，常说话小心谨慎，有不足的地方不敢不努力自我勉励，有长于他人的地方不敢完全显露，说话时要考虑能不能实行，做事时要考虑是不是言行一致，能够这样做，君子还能不是忠厚诚实的吗？”

【朱熹提示】

右第十三章。

【译文】

朱熹说，上面一段是第十三章。

【赏析】

在本章中，孔子重点谈论了做人的道理。

前文曾提到道不可须臾离开，达到这点的基本条件是“道不远人”。人都是有主观能动性的，都是有自己的思想的，每个人都可以按照自己的本性行事，每个人都能知能行。道如同一条宽广大道一样，所有的人都可以行走，但是，如果每个人不从自己的脚下走起，而把道弄得离奇高远，道就无法实践了。孔子提出，人们做事要符合“人道”，那么“人道”是什么？“人道”最重要的原则之一就是“忠恕”，即凡是不愿意加在自己身上的东西，就不要强加给别人，也就是“己所不欲，勿施于人”。凡是自己想要通达、立身，就要先让别人通达、立身，也就是“己欲立而立人，己欲达而达人”。为人还要严格要求自己，注重君臣、父子、兄弟、朋友之间的关系，时刻反省自己，从身边的日常言行做起，不退缩、不极端，能做到符合中庸之道，就是一个笃实的君子。

第十四章　修身

【原文】

君子素其位而行[1]，不愿乎其外。素富贵，行乎富贵；素贫贱，行乎贫贱；素夷狄，行乎夷狄；素患难，行乎患难。君子无入而不自得焉[2]。

在上位，不陵下[3]，在下位，不援上[4]，正己而不求于人，则无怨。上不怨天，下不尤人。故君子居易以俟命[5]，小人行险以侥幸[6]。

子曰："射有似乎君子[7]，失诸正鹄[8]，反求诸其身。"

【注释】

〔1〕"君子"句：君子在什么样的地位，就怎样去做。素，在。

〔2〕"君子无入"句：君子不论在什么地位，都能够做到悠然自得。入，处于。

〔3〕"在上位"句：在上位的人不欺凌在下位的人。陵，欺凌。

〔4〕援：攀援。

〔5〕居易以俟命：言居在应居的地位，安心做事，以待天命。俟，音sì，等待。

〔6〕侥幸：由偶然的原因而获得成功。

〔7〕射有似乎君子：射箭的道理有如君子的为人。

〔8〕失诸正鹄：射不着中心。鹄（gǔ），箭靶中心圆圈。古时画布称正，画在皮上称鹄。

【译文】

君子处在他自己的位置上做他应该做的事，不羡慕本位之外的事物。处于富贵就做富贵者应该做的事，处于贫贱就做贫贱者应该做的事，身在夷狄就做夷人、狄人应该做的事，身在患难中就做患难者应该做的事。这样的话，君子没有什么地方不能泰然处之。处在上位的人不欺压处在下位的人，处在下位的人也不巴结奉承处在上位的人，只是端正自身不苟求于他人，这样就不会有怨恨之心。上不抱怨天，下不责怪人。所以君子安分守己等待时机，小人则冒险企图获得侥幸。孔子说："射箭的道理和君子行道有相似之处：箭没有射中靶心，应该反过来检查自己。"

【朱熹提示】

右第十四章。

【译文】

朱熹说，上面一段是第十四章。

【赏析】

本章主要讲的是儒家的为己之学，即"名分"的问题。

在儒家思想中，等级是一个很重要的概念，主张每个人都要居于自己应有的名分之下，并且都要严格按照这些地位进行行事。所谓"名不正，则言不顺"。哪一个人的行为如果与他的名分不符，那么他说起话来就没人听；说话没人听，那么事情也就办不成。如果每个人都按照自己的地位处境来办事，那么社会秩序就安定了。孔子把正名作为一种推行等级规范的手段和方法，是在说明"天命论"的观点，即一个人生下来，他的一生也就注定了，这是自己无法安排的。一个人可能出生在富贵之家，也可能出生在贫贱之家；可能出生在夷狄，也可能正处于患难……无论条件如何，都要做自己该做的事。处富贵不欺负人，处贫贱则不攀附人。不铤而走险，以求那些本不属于自己的东西。不抱怨于别人，一如既往地做事，不达目的从自身找原因，这才是真正的君子。"死生有命，富贵在天"也就是这个道理。

第十五章　齐家

【原文】

君子之道，辟如行远，必自迩[1]；辟如登高，必自卑[2]。《诗》曰："妻子好合，如鼓瑟琴；兄

弟既翕，和乐且耽；宜尔室家，乐尔妻帑[3]。”子曰：“父母其顺矣乎[4]！”

【注释】

〔1〕辟如行远必自迩：譬如行远路必从近处起。辟，譬如。迩，接近，近处。

〔2〕卑：近下，低处。

〔3〕“《诗》曰”句：见《诗经·小雅·常棣》。好合，郑玄注：“志意合也。”鼓，弹奏。翕（xì），毛亨注：“合也。”耽（dān），《诗经》作“湛”，乐之甚。帑（nú），毛亨注：“子也。”

〔4〕父母其顺矣乎：父母一定很安乐了！

【译文】

君子要遵循的道，就像走远路，一定要从近处出发；就像登高山，一定要从低处开始。《诗》说：“你和妻儿相亲相爱，就像弹奏琴瑟一样。你和兄弟相处和睦，和气安乐感情深厚。你建立美好的家庭，使家人快乐无忧。”孔子说：“能够这样，父母大概就称心如意了。”

【朱熹提示】

右第十五章。

【译文】

朱熹说，上面一段是第十五章。

【赏析】

本章重点讲述的是中庸在家庭中的应用。

中庸，就是平平常常的道理，是完全可以融入人们家庭及日常生活当中的。在孔子生活时代，宗法等级社会是以血缘关系为纽带而联系在一起的，社会是由无数个家庭组成的。家庭是社会基本的细胞，家庭中的夫妻之间、兄弟之间、父母与子女之间的各种姻亲和血亲关系对家庭的和睦产生了重要作用。孔子认为，要想在全社会实行中庸之道，首先必须要和顺自己的家庭。家庭要想好，就必须做到夫妻和睦、兄弟融洽、父母安康，这样的家庭才会幸福、快乐，中庸之道也才能得以在天下顺利施行。

在东周时期，血缘宗法制受到了严重的冲击。世卿世禄制度在很多地方已经被废除，家庭关系也非常松散。因此，儒家学者再次提到了加强夫妻、兄弟关系的问题，这个问题也正是“齐家”的问题。搞好家庭内部的关系，不仅是儒家思想，也是中庸思想的一个重要方面，无论于古于今都是有非常积极的意义的。

第十六章　齐家

【原文】

子曰：“鬼神之为德〔1〕，其盛矣乎〔2〕！视之而弗见〔3〕，听之而弗闻，体物而不可遗〔4〕。使天下之人，齐明盛服〔5〕，以承祭祀。洋洋乎〔6〕！如在其上，如在其左右。《诗》曰：‘神之格思，不可度思！矧可射思〔7〕！’夫微之显〔8〕，诚之不可揜，如此夫〔9〕。”

【注释】

〔1〕鬼神：古人称人死后的魂灵为鬼，神就是神明。

〔2〕其盛矣乎：极其盛大啊！

〔3〕弗：不。

〔4〕体物而不可遗：生养万物却没有一点的遗漏。

〔5〕齐明盛服：齐（zhāi），通“斋”，斋戒。明，洁净。意为，鬼神能使天下人斋戒沐浴，整齐衣服。

〔6〕洋洋乎：朱熹注：“洋洋，流动充满之意。”意为，流动着，充满着。

〔7〕“《诗》曰”句：见《诗经·大雅·抑》。格，来，至。度，揣度，推测。矧（shēn），况。射，厌倦，厌怠不敬。思，语气助词。

〔8〕夫微之显：从微到显。意鬼神的形状微妙不可见，但灵验却很显著。

〔9〕诚之不可揜，如此夫：恭敬诚实得不可掩蔽，意至与此。揜（yān）掩藏，掩盖。

【译文】

孔子说：“鬼神的德行，真是盛大无比啊！看它不见它的形状，听它听不到它的声音，它生养万物而无微不至、无处不在。让天下的人都斋戒沐浴，穿上华丽隆重的服装，以敬奉祭祀他们。浩浩荡荡啊，鬼神好像飘浮在人们的上空，又仿佛流动在人们的身旁。《诗》说：‘鬼神的来临啊，不可度测啊，何况对他们懈怠不敬呢！’鬼神幽微而又昭显，真实而不可掩盖，确实是这样啊！”

【朱熹提示】

右第十六章。

【译文】

朱熹说，上面一段是第十六章。

【赏析】

本章作者借鬼神来说明道。

在记载孔子言论的儒家经典中，很少有孔子谈论鬼神的内容。“敬鬼神而远之”是孔子的明确态度。在本章中，孔子曾谈到了鬼神的德性，其实也并不是在宣扬有神论，而是在谈一种深奥精微的德行；并非专指鬼神，是借鬼神来谈道。道是无所不在的，道是真实无妄的，道是“不可须臾离身”的。人们对待道，要像对待鬼神那样心诚。

“诚”是儒家的道德规范，在《中庸》中，更被说成了天道是上天赋予人的“本性”，是人一出生就具备的那种真诚笃实的道德信念，是道德行为的根本，是一个人为人处世乃至建功立业的基本素质。

另外，本章还照应了前面的“费”和“隐”观点。看不见、听不到是“隐”，是精微；体现在万物之中使人无法离开是“费”，是广大。

第十七章　知天

【原文】

子曰：“舜其大孝也与！德为圣人[1]，尊为天子，富有四海之内。宗庙飨之[2]，子孙保之。故大德必得其位，必得其禄，必得其名，必得其寿。故天之

生物，必因其材而笃焉[3]。故栽者培之[4]，倾者覆之[5]。《诗》曰：‘嘉乐君子，宪宪令德！宜民宜人，受禄于天。保佑命之，自天申之[6]！’故大德者必受命。”

【注释】

〔1〕圣人：儒家理想人格，指道德智能极高的人。孔子称为“生而知之者”。《孟子·尽心下》言：“大而化之之谓圣。”赵岐注：“大行其道，使天下化之，是为圣人。”《荀子·性恶》讲：“故圣人者，人之所积而致也。”

〔2〕宗庙飨之：受到宗庙的祭祀。宗庙，古代帝王、诸侯或大夫、士人祭祀祖宗的处所。飨（xiǎng），供奉祭祀。

〔3〕笃：厚，增加。

〔4〕栽者培之：栽植了必加以培溉。

〔5〕倾者覆之：倾斜不成材的就覆灭它。

〔6〕“《诗》曰”句：见《诗经·大雅·假乐》。嘉乐，《诗经》作“假乐”，“假”与“嘉”相通，善。宪宪，兴盛的样子。令德，有道德的名誉。申，重。

【译文】

孔子说：“舜可算得上一个大孝的人吧！他具有圣人的崇高德行，又有天子的尊贵地位，拥有普天下的财物，享受宗庙中的祭祀，子子孙孙永不断续。所以具有大德的人必定会得到尊贵的地位，必定会得到丰厚的俸禄，必定会得到美好的声名，必定会得到健康和长寿。所以天地生育万物，必定因万物的质地来判断是否应该精心培养。能够栽种的就加以培育，倾斜枯萎的就让它倒下覆没。《诗》说：‘美好快乐的君子，他美德的光芒照耀四方！普施于平民贵族之中，获得天神赐予的福禄。上天保佑他啊，教他福禄能久享。’所以具有大德的人必然受命于天而成为天下君王。”

【朱熹提示】

右第十七章。

【译文】

朱熹说，上面一段是第十七章。

【赏析】

本章主要讨论了“孝”这一德行。儒家认为，孝是最基本的德行，把孝推行于天下就是为政。

在开篇，孔子就直接对舜进行了称赞，称舜是最讲孝道的人。舜虽贵为天子，却非常讲道德。舜的家庭环境相当糟糕，父亲不喜欢他，弟弟总是欺负、害他，但舜没有放弃孝和友爱。正因为能拥他有如此高尚的道德才被看成至人，并拥有了四海，延长了寿命。一个人，即使是一个普通人，只要具备了包括“孝”在内的道德观念，再认真刻苦持久地进行自我道德修养，就会得到上天的福佑，就会像舜那样“必得其位，必得其禄，必得其名，必得其寿”。

在本章中，作者虽然把道德列在了至高无上的地位，但依旧没有排除权利、名誉、财富等许多世俗之人所倾慕的这些东西，而是把它们与德行排在了一起。

第十八章　齐家

【原文】

子曰：“无忧者，其惟文王乎[1]！以王季为父[2]，以武王为子[3]，父作之，子述之。武王缵大王、王季、文王之绪[4]。壹戎衣而有天下[5]，身不失天下之显名。尊为天子，富有四海之内。宗庙飨之，子孙保之。

“武王未受命[6]，周公成文武之德[7]，追王大王[8]、王季，上祀先公以天子之礼。斯礼也，达乎诸侯、大夫，及士、庶人。父为大夫，子为士；葬以大夫，祭以士。父为士，子为大夫；葬以士，祭以大夫。期之丧，达乎大夫[9]，三年之丧，达乎天子。父母之丧，无贵贱一也[10]。”

【注释】

〔1〕文王：商朝末期周族首领。姓姬，名昌，晚年号文王。

〔2〕王季：名季历，古公亶父的儿子，为殷时两方诸侯之长，为商王文丁所杀。

〔3〕武王：姬姓，名发，文王之子，西周王朝创始人。

〔4〕"武王缵大王"句：大王，指古公亶父，文王称王而追尊为太王。缵（zhǎn），继承。绪，业，大业。

〔5〕壹戎衣：戎衣，甲胄之称。壹戎衣，指武王着戎衣而伐纣。

〔6〕末：年老之意。

〔7〕周公：姬姓，名旦，武王胞弟，曾辅助武王灭商。由于他的采邑在周，因此又称他为周公。武王死后，成王以幼年继位，由他摄政，巩固了周王朝的统治。

〔8〕追王（wàng）：后代加封先祖以王的称号称追王。

〔9〕期（jī）之丧：一周年的守丧期。

〔10〕"父母之丧"句：指父母之丧没有贵贱的分别。

【译文】

周文王

孔子说："无忧无虑的人，大概只有文王吧。他有王季做父亲，有武王做儿子，父亲王季为他开创了事业，儿子武王继承了他的遗愿，完成他未竟的事业。武王继承了曾祖太王、祖父王季、父亲文王的事业，灭掉了大殷，夺得了天下。他身不失显赫天下的美好声名，尊贵为天子，富有天下四海财富，后代在宗庙里祭祀他，子子孙孙永不断绝。周武王晚年受命于天，平定天下，周公成就文王、武王的德行，追尊太王、王季为王，用天子的礼祭祀祖先。这种制度一直实行到诸侯、大夫、士人以及庶人之中。如果父亲是大夫，儿子是士，就用大夫的礼安葬，用士祭祀；如果父亲是士，儿子是大夫，就用士的礼节安葬，用大夫之礼祭祀。为旁亲服一年的丧期，这种制度实行到大夫；为父母服三年丧期，这种制度实行到天子；为父母服丧不分贵贱都是一样的。"

【朱熹提示】

右第十八章。

【译文】

朱熹说，上面一段是第十八章。

【赏析】

周武王

在本章，孔子讲述了周文王、周武王、周公姬旦三人的事例，叙述了周的发源及兴盛的过程。

作者由舜一直讲到周代，认为周代的祖先都注意不断地积累仁德，其中以周文王最为突出。等到了武王时期，征伐商纣，替天行道，以武力获得了天下，但名望并没有因此而丧失。不仅获得了尊荣、权位、财富，也让子孙长久地得到祭祀。等武王死后，周公辅成王，成就了文王、武王的事业，制礼作乐，并把它一直推及百姓。这就是周的起源和兴盛，一直是与德、孝连在一起的。

作者叙述周代这一过程，其重点讲的是宗法血缘关系的重要地位。它是中国古代社会的政治基础。其中，祭祀是体现这一重要地位的主要方式。祭祀之礼对于君臣、父子、长幼、亲疏、贵贱之间的等级界限做了十分严格的规定，这对维护宗法等级制度是十分重要的。所以，作者在这里再次强调祭祀这一礼法，也是为了恢复宗法等级制度。

第十九章　齐家

【原文】

子曰："武王、周公，其达孝矣乎〔1〕！夫孝者：善继人之志，善述人之事者也。春秋修其祖庙〔2〕，陈其宗器〔3〕，设其裳衣〔4〕，荐其时食〔5〕。宗庙之礼，所以序昭穆也〔6〕；序爵〔7〕，所以辨贵贱也；序事〔8〕，所以辨贤也；旅酬下为上〔9〕，所以逮贱也〔10〕；燕毛，所以序齿也〔11〕。

"践其位〔12〕，行其礼，奏其乐，敬其所尊，爱其所亲，事死如事生，事亡如事存，孝之至也。

“郊社之礼[13]，所以事上帝也，宗庙之礼，所以祀乎其先也[14]。明乎郊社之礼、禘尝之义[15]，治国其如示诸掌乎[16]。”

【注释】

〔1〕其达孝矣乎：是通达孝道的人吧！达，通。

〔2〕春秋修祖庙：祖庙，祖宗神位所在的庙。《礼记·王制》载周代的祭祖庙制："天子七庙，三昭三穆，与大祖之庙而七。诸侯五庙，二昭二穆，与大祖之庙而五。大夫三庙，一昭一穆，与大祖之庙而三。士一庙。庶人祭于寝。”祖庙每年春秋必须加以修理。

〔3〕陈其宗器：陈列先世重要的祭器。

〔4〕设其裳衣：陈设祖先穿过的衣服。

〔5〕时食：四时所出之物。

〔6〕序昭穆：排列昭穆的次序。按周朝礼制，左昭右穆是宗庙排列的顺序。祭祀时，以始祖牌位居中，第二、四、六世之祖为昭，第三、五、七世之祖为穆。此为辨别尊卑之礼。

〔7〕序爵：按官爵大小排列次序。

〔8〕序事：以守宗庙者的职事主次排列。

〔9〕旅酬下为上：旅，众人。酬，饮酒。指子弟举杯以奉其尊长。

〔10〕逮：及。

〔11〕燕毛，所以序齿也：燕，同饮宴之“宴”。毛，指头发。指祭祀完而宴，是以毛发之色别长幼。

〔12〕践其位：指坐这位子。

〔13〕郊社之礼：郊是祭天，社是祭地。指祭奉天上的神明。

〔14〕先：指祖先。

〔15〕 禘尝之义：禘（dì），天子宗庙中最重要的大祭。尝，每年秋天所举行的秋祭。

〔16〕示诸掌：示与“视”同。看自己的手掌一般。

【译文】

孔子说：“武王、周公可以称为天下的通孝吧！孝，就是善于继承先人的遗志，善于继续先人未竟的功业。春秋祭祀时节，修葺先祖宗庙，陈设祭祀器具，摆设祖先穿过的衣裳，进献祭祀季节的时鲜祭品。宗庙的礼仪，是用来排列父子、长幼、亲疏的顺序的；助祭的人按官爵高低排列，是用来区别贵贱的；进献祭品的人按在祭祀中担任职事主次排列，是用来区别才能高低的；行旅酬礼之前卑下者先饮酒，是表明恩惠先施给下人；宴会上按头发颜色就坐，是要使老少长幼秩序井然。登上先王的王位，行先王传下来的祭礼，奏先王时代的音乐，尊敬先王所尊敬的，亲爱先王所亲爱的，侍奉死者如同侍奉活着的人一样，侍奉亡故者如同侍奉生存者一样，这是孝的最高境界。举行郊祭礼和社祭礼，是用来侍奉天神和地神的；宗庙里的礼仪，是用来侍奉祖先的。懂得了郊祭礼和社祭礼，通晓禘祭和尝祭的意义，治理国家就像把自己手掌上的东西指给别人看一样容易了。”

【朱熹提示】

右第十九章。

【译文】

朱熹说，上面一段是第十九章。

【赏析】

本章讲述了周代关于祭祀之礼的一些规定。

在本章中，作者所讲的祭祀之礼实际上都是围绕着一个“孝”字而制定的。文中提到文王、武王都是大孝。所谓“孝”，其最大特点就是能继承先人遗志，把先人事业发展下去。儒家学者更提倡“孝”首先要做到恪守周礼中的祭祀之礼。这是以宗法血缘关系为基础的礼仪，严格规定了每个人在社会上和家族中应有的地位。在本段中，作者用很长的篇幅详细地记述了周礼在祭祀中的种种规定与细节，体现了作者对祭祀的重视，其最终目的还是告诉后人了解祭祀天地之礼和祭祀祖先之礼的意义。“慎终追远，民德归厚”。以孝治天下，从天子至庶民而推行孝，那么治理国家就像把国家放在了自己手掌上一样了。这同时也与“齐家”、“治国”、“平天下”是一致的。这是适合当时的社会历史条件和符合人们道德观念的。

第二十章　治国

【原文】

哀公问政[1]。子曰：“文武之政，布在方策[2]。其人存，则其政举；其人亡，则其政息。人道敏政，地道敏树[3]。夫政也者，蒲卢也[4]。故为政在人[5]，取人以身[6]，修身以道[7]，修道以仁。

“仁者，人也，亲亲为大；义者，宜也，尊贤为大。亲亲之杀[8]，尊贤之等，礼所生也。”

【注释】

〔1〕哀公：春秋时鲁国君，姓姬，名蒋，“哀”是其谥号。

〔2〕“文武之政”句：周文王、周武王所施之政事，都载于典籍之上。布，陈列。方，版。策，简。古时用木版、竹简记载政事。

〔3〕人道敏政，地道敏树：敏，快。言施行政事，如同地上生长草木，只要人去做，都可迅速成功。

〔4〕蒲卢：芦苇，一种极易生长的草木。

〔5〕人：指贤臣。

〔6〕取人以身：得贤臣重在君修其身。

〔7〕道：天下之达道，万物运行之规律。

〔8〕杀（shài）：减退。

【译文】

鲁哀公向孔子请教行政的道理。孔子说：“周文王、武王的政教，都记载在木版和竹简上。得到贤臣的辅助，这些政教就能得以实施；没有贤臣的辅助，这些政教就会被废除。贤臣治理人的方法是努力行政，就像治理土地的方法是努力种植一样。执政者如同蒲芦生长一样，他们执政也需要贤臣的辅助。要获得贤臣的辅助就要修养自身品德，修养自身品德就要遵循天下的达道，遵循天下的达道取决于人的仁义之心。所谓仁，就是人与人之间互相亲爱，尤其要亲爱自己的亲人；所谓义，就是做自己应该做的事，尤其要尊敬贤人。亲爱亲人有远近亲疏之分，尊敬贤人有贵贱等级之别，礼由此而产生。

【原文】

“在下位不获乎上，民不可得而治矣〔1〕！

“故君子不可以不修身；思修身，不可以不事亲；思事亲，不可以不知人；思知人，不可以不知天。

“天下之达道五〔2〕，所以行之者三。曰：君臣也，父子也，夫妇也，昆弟也，朋友之交也。五者，天下之达道也。知、仁、勇三者，天下之达德也〔3〕，所以行之者一也。或生而知之，或学而知之，或困而知之〔4〕，及其知之一也；或安而行之，或利而行之，或勉强而行之，及其成功一也。”

子曰：“好学近乎知〔5〕，力行近乎仁，知耻近乎勇〔6〕。知斯三者，则知所以修身；知所以修身，则知所以治人；知所以治人，则知所以治天下国家矣。”

【注释】

〔1〕“在下位”句：据《礼记》郑玄注云：“此句在下，误重在此。”

〔2〕达道：指到处可通行之道理。

〔3〕达德：指到处可通行之重要德性。

〔4〕“或生而知之”句：孔子曾在《论语·季氏篇》讲过：“生而知之者上也，学而知之者次也；困而学之，又其次也。”孔子将人的资质分为三等，最上等为“生而知之者”；其次是学习后知道的人；再次是遇到困难，再去学习后知道的人。

〔5〕好学近乎知：勤奋求学就能接近智慧。

〔6〕知耻近乎勇：知道羞耻就接近于勇敢。

【译文】

“处下位的臣民得不到君上的信任，民众就不能够治理好。所以君子不可以不修养自身品德，要修养自身品德就不能不侍奉亲人，要侍奉亲人就不能不知贤爱人，要知贤爱人就不能不了解天理。天下通行的道理有五条，实践这五条道理需要具有三种美德，这就是：君臣之理、父子之理、夫妇之理、兄弟之理、朋友交往之理，这五项是通行天下的大道理；智慧、仁爱、勇敢，这三项是遍行天下的美德。实践这些达道和美德就要诚实专一。 有的人生下来就知道这些道理，有的人通过学习才知道这些道理，有的人遇到困惑再去学习而知道这些道理。虽然他们懂得这些道理的先天条件和后天环境不一样，但最后还是掌握了这些道理，在这一点上是一样的。对于这五项达道和三项美德，有的人心安理得地实践它，有的人贪图利益而去实践它，有的人则是勉强地实践它；虽然他们的动机不一样，但最后还是成功了，在这一点上是一样的。”

孔子说：“爱好学习就接近智慧了，努力行善就接近仁爱了，知道廉耻就接近勇敢了。知道这三点，就应该知道如何修养自身品德；知道如何修养自身品德，就知道如何治理人民；知道如何治理人民，就知道如何治理天下国家。”

【原文】

“凡为天下国家有九经[1]，曰：修身也，尊贤也，亲亲也[2]，敬大臣也，体群臣也[3]，子庶民也[4]，来百工也[5]，柔远人也[6]，怀诸侯也[7]。修身则道立[8]，尊贤则不惑[9]，亲亲则诸父昆弟不怨，敬大臣则不眩[10]，体群臣则士之报礼重，子庶民则百姓劝[11]，来百工则财用足，柔远人则四方归之，怀诸侯则天下畏之。

“齐明盛服[12]，非礼不动，所以修身也；去谗远色[13]，贱货而贵德[14]，所以劝贤也；尊其位，重其禄，同其好恶，所以劝亲亲也；官盛任使[15]，所以劝大臣也；忠信重禄[16]，所以劝士也；时使薄敛[17]，所以劝百姓也；日省月试，既禀称事[18]，所以劝百工也；送往迎来，嘉善而矜不能[19]，所以柔远人也；继绝世，举废国[20]，治乱持危，朝聘以时[21]，厚往而薄来，所以怀诸侯也。凡为天下国家

有九经，所以行之者一也。”

【注释】

〔1〕凡为天下国家有九经：大凡治理天下国家有九条准则。为，治理。经：常道，准则。

〔2〕亲亲也：亲爱亲人。前一“亲”为动词。

〔3〕体群臣也：体恤群臣。体，朱熹注：“谓设以身处其地而察其心也。”

〔4〕子庶民也：如父母待儿子般对待百姓。子，动词。庶民，平民、百姓。

〔5〕来百工也：招集百工。百工，指各种有技艺之匠人。

〔6〕柔远人也：以柔婉之道对待远方之人。

〔7〕怀诸侯也：安抚天下诸侯。诸侯，古代中央政权分封的各国国君。规定要服从王命，定期朝贡述职，同时有出军赋与服役的义务。在封疆内，世代掌握统治大权。

〔8〕修身则道立：修养自身，则做人就会有坚定之准则。

〔9〕不惑：不迷惑于理。

〔10〕不眩：不迷于事。

〔11〕劝：劝勉，努力。

〔12〕齐明盛服：斋戒以后，穿上洁净的衣服。

〔13〕去谗远色：除去专说别人坏话的人，远离美色。

〔14〕贱货而贵德：轻财货重道德。货，财货。德，道德。

〔15〕官盛任使：朱熹注云：“谓官属众盛，足任使令也，盖大臣不当亲细事，故所以优之者如此。”

〔16〕忠信重禄：对忠信之士以厚养。

〔17〕时使薄敛：在农时空闲时，差使百姓服公役，而钱粮尽量减轻征收。

〔18〕既禀称事：既（xì），通“饩”，赠送。既禀，饮食仓库中之米谷叫既禀。称，符合。事，工作成效。

〔19〕嘉善而矜不能：有善行的嘉奖，体恤同情才能薄弱者。矜（jīn），怜悯、同情。

〔20〕继绝世，举废国：诸侯之国，有被人灭亡的，当设法救扶，已绝的使其继续，已经没落的，使其振兴。

〔21〕朝聘以时：朝，诸侯朝见天子。聘，诸侯使大夫来献。

【译文】

“凡治理天下国家的准则有九条，这就是：修养自身品德，尊敬贤人，亲爱亲人，敬重大臣，体贴群臣，爱民如子，鼓励百工，安抚边远民族，安抚四方诸侯。修养自身品德就能树立道德楷模，尊敬贤人就能不被假象迷惑，亲爱亲人就能使长辈兄弟不相怨恨，敬重大臣就能处世不迷乱，体贴群臣则士臣都会重礼回报，爱民如子则百姓都会勤勉效力，鼓励百工就能财用充足，安抚边远民族则四方归顺朝廷，安抚诸侯就能使天下人畏服。清心寡欲，仪表端庄自然，不符合礼仪的事不做，以此来修养品德；摒弃谗佞，远离美色，轻视财物重视德行，以此来劝勉贤人；使亲人地位尊贵，俸禄优厚，与亲人好恶保持一致，以此来劝勉人们亲爱亲人；为大臣多设置属官，足以供他们任用指使，以此来劝勉大臣；对士臣忠诚守信，给予他们丰厚俸禄，以此来劝勉士臣；役使百姓而不误农时，减轻百姓的租赋，以此来劝勉百姓；天天察看、月月考核，授予的薪资俸禄与他们的劳动付出相当，以此来劝勉百工；回去相送、来时相迎，鼓励其长处而同情其短处，以此来安抚边远民族；延续已经中断俸禄的世家大族，复兴已经颓废的邦国，整治混乱，解救危难，定期接受诸侯朝聘，厚礼相送薄收贡物，以此来安抚诸侯。大凡治理国家有九条原则，实行它们的道理是一样的，就是要有诚心。”

【原文】

“凡事豫则立[1]，不豫则废。言前定则不跲[2]，事前定则不困，行前定则不疚[3]，道前定则不穷[4]。

“在下位不获乎上[5]，民不可得而治矣；获乎上有道，不信乎朋友[6]，不获乎上矣；信乎朋友有道，不顺乎亲[7]，不信乎朋友矣；顺乎亲有道，反诸身不诚[8]，不顺乎亲矣；诚身有道，不明乎善[9]，不诚乎身矣。

“诚者，天之道也[10]；诚之者，人之道也[11]。诚者，不勉而中[12]，不思而得，从容中道，圣人也。诚之者，择善而固执之者也[13]。

“博学之，审问之，慎思之，明辨之，笃行之[14]。

有弗学，学之弗能弗措也[15]；有弗问，问之弗知弗措也；有弗思，思之弗得弗措也；有弗辨，辨之弗明弗措也；有弗行，行之弗笃弗措也。人一能之，已百之，人十能之，己千之。果能此道矣[16]，虽愚必明，虽柔必强。”

【注释】

〔1〕凡事豫则立：凡事，指治国、平天下之九件大事，引申至各种天下达道之事。豫，通“预”，就是预备，准备，预谋。立，做得成功。

〔2〕言前定则不跲：发言时，能先想好后出口，就不致有阻碍。跲，音jiá，阻碍，说话不通畅。

〔3〕疚：疾病。

〔4〕穷：通，通达。

〔5〕获：获得。

〔6〕信：信用。

〔7〕顺：孝顺。

〔8〕反诸身不诚：反省自己做人未能真实无妄。

〔9〕不明乎善：朱熹注云：“谓未能察于人心天命之本然，而真知至善之所在也。”

〔10〕诚者，天之道也：朱熹注云：“诚者，真实无妄之谓，天理之本然也。”言天道通行，四季昼夜，无一减差，最为诚实。

〔11〕诚之者，人之道也：朱熹注云：“诚之者，未能真实无妄，而欲其真实无妄之谓，人事之当然也。”指人生活于自然界中，应学自然之理，遵循自然之法则，真诚实在做人。

〔12〕不勉而中：指圣人不勉强而自能中节。

〔13〕择善而固执：选择好的行为，坚定地去做。

〔14〕“博学之”句：朱熹言：“此诚之之目也。学、问、思、辨，所以择善而为知，学而知也。笃行，所以固执而为仁。利而行也。”博，多，各方面。审，仔细审察。慎，谨慎，不粗心。笃，诚笃，切实去做。

〔15〕弗（fú）能弗措也：弗，不。措，丢在一边，搁置。

〔16〕果能此道矣：果然能用这个方法去做。

【译文】

“凡事有所预先谋划就能成功，没有预先谋划就会失败。说话预先考

虑好就不会语塞不畅，做事预先考虑好就不会遭遇困阻，行动之前预先考虑好就不会出差错，执行规则之前预先考虑好就不会陷入绝境。处在下位的人得不到上级的信任，百姓就不可能治理好；处下位的人要得到上级的信任是有途径的，他先要获得朋友的信任，不能获得朋友的信任，就不能获得上级的信任；要获得朋友的信任是有途径的，他先要孝顺父母亲人，不孝顺父母亲人就不能获得朋友的信任；孝顺父母亲人是有途径的，他先要自身真诚，自己不诚心就不能孝顺父母亲人；使自身真诚是有途径的，他先要明白善道，不明白善道就不能使自身真诚。真诚，是天赋的品德；使自己真诚，是人为所得的品德。天赋真诚的人，不必勉为其难就能符合善道，不必苦心思虑就能获得善道，从而从容不迫而达到中庸之道，这种人就是圣人。使自身真诚的人，他必须选择至善的道德并坚守不渝。广泛地学习，审慎地提问，慎重地思考，明确地辨别，坚定地执行。要么不学习，学习了没有学会就不放弃；要么不问，问了没有明白就不放弃；要么不思考，思考了没有收获就不放弃；要么不辨别，辨别了还不明确就不放弃；要么不实行，实行了不坚定就不放弃。别人一次就能做的事，我付出百倍努力；别人十次就能做的事，我付出千倍努力。如果能做到这样，即使愚蠢的人也会变得聪明起来，即使柔弱的人也会变得刚强起来。”

【朱熹提示】

右第二十章。

【译文】

朱熹说，上面一段是第二十章。

【赏析】

本章是《中庸》的重要篇章，是核心内容。

政治，在中国古代社会经济生活中一向占头等地位，也是儒家学者探讨的头等话题。文章开篇用鲁哀公问政，孔子予以回答的方式提出了为政的准则——即文武之道，以文武之道来对照国家政治局面的得失善恶。中

国古代政治一向以人治为主，把人的善恶作为标准和样板往往会导致政治上出现很多弊端，所以孔子在讨论完政事与人的关系后，又强调了个人的道德修养，提出了德的内涵，即仁、义、礼、智，进而又推导出了天下人共有的君臣、父子、夫妇、兄弟、朋友五达道，突出了实践此三达道的三达德：智、仁、勇。而后，又从知行关系的层面，论述了如何学习实践三达德，提出生知、学知、困知，安行、利行、勉行三次等次。孔子认为，只有知道了这些才知道了“修身”治人和治理天下。接着，作者还提出了治理天下的九条原则，并指出“诚”是实现九条原则的关键所在。并由“诚”而引出了圣人与凡人、天道与人道的问题。认为天道就是诚，是真实无妄。圣人和天道同一，是自然之诚。圣人不用勉力，不用思考就可以从容而达中庸。人道则往往不诚，必须经过自反，紧紧抓住一个“善”字，才能达到中庸思想。作者一再强调“诚”的巨大作用，就是希望人们能按“诚”来“明善”、“诚身”，坚持儒家思想，恪守中庸之道。

第二十一章　知性

【原文】

自诚明，谓之性〔1〕；自明诚，谓之教〔2〕。诚则明矣，明则诚矣〔3〕。

【注释】

〔1〕自诚明，谓之性：意为，由天道以明人事所当然，是从天性而来的。自，由。性，本性。

〔2〕自明诚，谓之教：朱熹注云：“先明乎善，而后能实其善者，贤人之学。由教而入者，人道也。”

〔3〕明则诚矣：王守仁认为，明就是知，诚就是行，即知即行，就是明则诚，行而能知，就是诚则明。则，即。

【译文】

由内心真诚而明白道理，叫做天性；由明白道理而能内心真诚，叫做教化。内心真诚就会明白道理，明白道理就会变得真诚。

【朱熹提示】

右第二十一章，子思承上章夫子天道、人道之意而立言也。自此以下十二章，皆子思之言，以反复推明此章之意。

【译文】

朱熹说，上面一段是第二十一章，是子思承接上章孔子所说天道、人道的旨意而立说的。从这以后的十二章，都是子思的话，以反复推论、阐明这一章的意思。

【赏析】

本章是接上章继续讨论“诚”的问题。所谓“诚”，就是真实无妄。作者认为，“诚”的内容是“善”，就是要发扬个人内心深处的善性，让其成为具有道德修养的人。“善”也包括了“仁”、“义”、“礼”、“智”四种德行。这四种德行是来源于天，是自然的道德法则。作者还指出，人有“自诚明”和“自明诚”之分。所谓“自诚明”的是“圣人”，他们天生就具备“诚”的道德，因而也自然明了“善”的真谛。这种人不用学习就自然而然地懂得中庸之道。“自明诚”的是“凡人”，他们是经过后天的修养才具有“诚”的道德，他们也可以明白“善德”。“凡人”即指那些学知、困知、利行、勉行之人，在学习时，注意学、问、思、辨、行这些学习环节和原则。用比别人多百倍的力量去做，即使愚蠢、柔弱也会明智起来的，最终也是可以明白“善德”的。作者写本章的意思无非是在说明无论是先天具有的还是后天的人为教育，只要做到真诚，依旧是可以“明善”的。

第二十二章　诚意

【原文】

惟天下至诚，为能尽其性[1]；能尽其性，则能尽人之性；能尽人之性，则能尽物之性；能尽物之性，则可以赞天地之化育[2]；可以赞天地之化育，则可以与天地参矣[3]。

【注释】

〔1〕“惟天下”句：惟，只有，独。天下至诚，朱熹云：“谓圣人之德之实，天下莫能加也。”尽其性，充分发挥人之本性。

〔2〕赞：助。

〔3〕与天地参：与天地并立。参，参与其间。

【译文】

只有天下最真诚的人，才能尽量发挥自己天赋的本性；能尽量发挥自己天赋的本性，才能尽量发挥其他人天赋的本性；能尽量发挥其他人天赋的本性，才能充分发挥万物天赋的本性；能充分发挥万物天赋的本性，就可以帮助天地化育万物，可以与天地匹配，并立而为三了。

【朱熹提示】

右第二十二章。

【译文】

朱熹提示说，上面一段是第二十二章。

【赏析】

本章实际上是对上一章“自诚明”的进一步阐释。

人既然知道了性，还要尽性，诚是出发点。本章连用五个排比句，层层深入，从个人的至诚，一直推论到与天地并列为三；从“尽人之性”到“尽物之性”，直到“化育万物”。真诚者能够把自己的善性发挥到极致，以这样的态度来关怀人，也会使别人的善性发挥到极处，世界上万事万物也都得到了观照，各得其所，遂其生。这样，人类就可以帮助天地化育，使自己立于与天地并列为三的不朽地位之中。

在本章中，作者一再强调发挥个人的主观能动性。发扬个人的主观精神力量，以创造物质世界，驾驭物质世界。积极入世一向是儒家学者所主张的，他们认为，要想改造客观世界，首先必须改造好个人的主观世界，强调人是第一位的。一个人，必须要有良好的道德、良好的心理素质和改造世界的信心与力量，这样才能成为万物的主宰。

第二十三章　诚意

【原文】

其次致曲〔1〕，曲能有诚，诚则形〔2〕，形则著〔3〕，著则明〔4〕，明则动〔5〕，动则变〔6〕，变则化〔7〕。惟天下至诚为能化。

【注释】

〔1〕其次致曲：其次，是次于圣人一等之意，这里说的是贤人。致，推致。曲，微细之事。

〔2〕形：积于中而发于外。

〔3〕著：显著。

〔4〕明：光明。

〔5〕动：朱熹注：“动者，诚能动物。”

〔6〕变：物从而变，变革人心。

〔7〕化：感化不知其所以然者。

【译文】

那些次于圣人的贤人，把真诚推致到细小事物上，在细小事物上能做到真诚，真诚就会显现出来，显现出来就会渐渐显著，渐渐显著就会彰明，彰明就会感动万物，感动万物就会变革人心，变革人心就能感化民众。只有天下最真诚的人才能感化民众。

【朱熹提示】

右第二十三章。

【译文】

朱熹说，上面一段是第二十三章。

【赏析】

本章是对第二十一章“自明诚”的进一步阐释。

上一章主要是针对“圣人”而言，而本章主要针对的是“普通人”。文中的“曲”指的是贤人以下的人某一方面的善性。作者认为，除了圣人可以赞天地之化育外，其他人即普通人也不是毫无作为的。只是他们得在“致曲”上下一番功夫，即仔细认真研究细小的事情，通过“内省”，把小事上的“善端”扩展开去，由细微到显著，对善性真诚加以发挥，善行就会充分地表露出来，而且越来越明显。从而进一步凝聚感动他人的力量，感化他人使之向善，达到化育万物的至诚境界，这样也就达到圣人的水平了。实际上，这样扩充善端从而达到至诚的方法，就是一种个人修身养性的内省功夫，并没有脱离社会实践，所以一直被儒家学者所提倡。

第二十四章　治国

【原文】

至诚之道，可以前知[1]。国家将兴，必有祯祥[2]；国家将亡，必有妖孽[3]；见乎蓍龟[4]，动乎四体[5]。祸福将至：善，必先知之；不善，必先知之。故至诚如神[6]。

【注释】

〔1〕至诚之道，可以前知：意指，至诚乃人与万物之本性，人能达到至诚，

不论什么事，都可以预知。前知，预先知道。

〔2〕祯祥：吉祥的征兆。

〔3〕妖孽：古代称物类反常的现象。草木之类称妖，虫豸之类称孽。亦比喻邪恶的事或人。

〔4〕见乎蓍龟：见（xiàn），呈现。蓍（shí），一种高二三尺的草，古人用此筮吉凶。龟，乌龟，古人用以卜吉凶。

〔5〕动乎四体：在四肢的举动上看出来。

〔6〕神：神明。

【译文】

有最真诚的德性，可以预知未来。国家即将兴盛，一定有吉祥的预兆；国家将要死亡，一定有灾祸邪异。这些可以从占筮占卜的卦辞中发现，也可以从人们的动作威仪中察觉。祸福即将来临，是福必然能预先知道，是祸也必然能预先知道。因此最真诚的人如同神明一般。

【朱熹提示】

右第二十四章。

【译文】

朱熹说，上面一段是第二十四章。

【赏析】

心诚则灵，本章依旧是高谈“诚”的重大功用。

在中国古代社会，科学技术不发达，人们的思想还处于蒙昧状态，许多现象人们没法给出合理的解释，人们敬畏自然，就把一切无法解释的力量都归于鬼神所为。人们总是希望自己在做某事之前得到鬼神或上天的指引，怕触犯上天而降罪于自己，于是人们通过占卜的方式来对未来的吉凶祸福加以预测。对国事的兴衰上天必有预兆出现：“国家将兴，必有祯祥；国家将亡，必有妖孽。”这些方面无论是正史还是野史都有很多记载。虽然有些神秘，其实并非没有道理。只要我们透过现象看本质，仔细挖掘本章的含义，撩开神秘的迷雾，就不难发现所有的预言其实无非在强调心灵达到了至诚的境界。不被私心杂念所迷惑，就能洞悉世间万物的根本规律，能够预知未来的吉凶祸福、兴亡盛衰。总之，就是让人要心诚。

第二十五章　诚意

【原文】

诚者自成也〔1〕，而道自道也〔2〕。诚者物之终始，不成无物。是故君子诚之为贵。诚者，非自成己而已也〔3〕，所以成物也。成己，仁也；成物，知也〔4〕。性之德也〔5〕，合外内之道也，故时措之宜也〔6〕。

【注释】

〔1〕诚者自成也：诚是自己成全自己。

〔2〕自道：引导自己。道（dǎo）：引导。

〔3〕诚者，非自成己而已也：意为，真诚之人，不仅要完成自己的人格，还要使一般人都完成人格。已，中止，停止。

〔4〕知：智慧。

〔5〕性之德也：表现出天生之德性。

〔6〕时措之宜也：见诸施行，无不相宜。措，用，实施。

【译文】

真诚是人的自我完善，而道是人自己引导自己。真诚，贯穿于一切事物的始终，没有真诚就没有万物，因此君子以真诚为贵。真诚，并非只是自我完善而已，还要用来成就万物。自我完善，是仁义的表现；成就万物，是智慧的体现。天赋的真诚品德，是结合了天地内外的道理，因此随时运用而无不适宜。

【朱熹提示】

右第二十五章。

【译文】

朱熹说，上面一段是第二十五章。

【赏析】

本章继续阐发“诚”的微言大义。

儒家一向强调道德的自我觉醒。人要真诚，要自觉地行道。真实，是从自然方面来说，是事物的根本规律，是事物的发端和归宿；真诚是从人的方面来说，是自我的内心完善。作者在本章中提出了这样一个观点：“诚”贯穿于万事万物的始终，“不诚无物”，“诚”是无处不在的。但是，仅用“诚”来成就自己是远远不够的，还要成就万事万物。“诚”是人性中所固有的品德，还要外化到他人和一切事物当中去，把外物与人的内心相结合，即“合外内之道”，所以要做到真诚就做到物我同一。自己真诚了，他人真诚了，万事万物之间都以真诚为准则，都以真诚来存活，那样世界也美好无欺了。仁与智是真诚的两种最主要的品德，它们融合了自身与外物的准则。人们因时而措之，则天下可太平。

第二十六章　博学

【原文】

故至诚无息[1]。不息则久，久则征[2]，征则悠远，悠远则博厚，博厚则高明。博厚，所以载物也；高明，所以覆物也；悠久，所以成物也。博厚配地，高明配天，悠久无疆[3]。如此者，不见而章[4]，不动而变，无为而成。

天地之道，可一言而尽也，其为物不贰[5]，则其生物不测[6]。天地之道，博也，厚也，高也，明也，悠也，久也。今夫天，斯昭昭之多[7]，及其无穷也，日月星辰系焉。万物覆焉。今夫地，一撮土之多[8]，及其广厚，载华岳而不重[9]，振河海而不泄，万物载焉。今夫山，一卷石之多[10]，及其广大，草木生之，禽兽居之，宝藏兴焉。今夫水，一勺之多，及其不测，鼋鼍[11]、蛟龙[12]、鱼鳖生焉，货财殖焉。

《诗》云："维天之命，於穆不已[13]！"盖曰天之所以为天也。"於乎不显！文王之德之纯[14]！"盖曰天王之所以为天也，纯亦不已[15]。

【注释】

〔1〕无息：没有停息，没有间断。

〔2〕征：征验，效验。

〔3〕无疆：没有穷尽。

〔4〕不见而章：见（xiàn），显现。章，彰明显著。

〔5〕不贰：惟一，指至诚。

〔6〕不测：测，测度。不可测度。

〔7〕"今夫天"句：夫，音 fú，发语词。昭昭，小明亮，小光明。今且说天，不过一点点亮光。

〔8〕撮（cuō），本义为用指爪取物。特指数量极少之物。

〔9〕华岳：古又称"西岳"，在陕西省东部，北临渭河平原，华阴县南，海拔 1997 米，有壁立千仞之势。

〔10〕一卷石：卷（quán），通"拳"。拳头般的石块。

〔11〕鼋鼍：鼋（yuán），亦称绿团鱼，背甲近圆形，暗绿色。鼍（tuó），又称扬子鳄，背面暗褐色，有六横列角质鳞。

〔12〕蛟龙：古代传说中能发水的一种龙。

〔13〕"《诗》云"句：见《诗经·周颂·维天之命》篇，於（wū），叹词。穆，深远。天道深远，不可穷究。

〔14〕"於乎不显！文王之德之纯"：引诗文同上篇。於，叹词。不显，岂不显著！纯，纯一不杂。啊！多么光明，文王的道德多么纯净。

〔15〕不已：没有停止。

【译文】

因此，最真诚的德性是永不停息的，永不停息就能长久，长久就会通达，通达就可悠远，悠远就会广博深厚，广博深厚就会高大光明。广博深厚用以承载万物，高大光明用以覆盖万物，悠远用以成就万物。广博深厚与地

相匹配，高大光明与天相匹配，悠远而无边无际。这样，不用表现却自然彰明，不用行动却能感人化物，无所作为却能自然成就万物。

天地的德性可用一句话概括：它自身真诚不二，化生万物深奥难测。天地的德性真是广博啊，深厚啊，高大啊，光明啊，悠远啊，永久啊。现在看到的天，它开始只有小小一点光明，等到它成为无边无际的天空，日月星辰悬系在上面，世间万物都被它覆盖着。现在看到的地，它开始只有一小撮土那么大，等到它成为广博深厚的大地，负载华山也不觉沉重，汇聚河海而不泄漏，世间万物都被它自己载着。现在看到的山，它开始只有一小块石头那么大，等到它成为广阔高峻的山，草木花卉生长在上面，飞禽走兽居住在上面，金银宝藏从上面开发出来。现在看到的水，它开始只有一小勺那么多，等到它聚积成深广难测的大水，鼋、鼍、蛟、鳖生活在里面，各种物产资财繁殖在里面。

《诗》说："上天的道理，啊，深远无穷！"这说的大概就是天之所以成为天的道理。"呜呼，伟大光明啊，文王的德行多么纯洁啊！"这说的大概就是文王被尊谥为"文"，是由于他纯洁的德行常行不息。

【朱熹提示】

右第二十六章。

【译文】

朱熹说，上面一段是第二十六章。

【赏析】

本章讨论的依旧是"诚"的问题。

在本章首先提到圣人，作者认为圣人只要"至诚无息"就能够"载物"、"覆物"、"成物"，就可以"配天"、"配地"，就能够主宰天地万物。圣人的至诚永远不会间断，不间断就能持久。如果内心长久如此，就会发于外，就会久远。长期积累，就会博厚从而可以和天地相比，承载万物、覆盖万物。作者所谈这些无非强调由真诚的追求而达到与天地并列为三，从而化生万物的终极目的。并且作者还认为，万事万物是在自然界本身发展变化中不断生长出来的，也是随着自然规律而不断消亡的。天地生物之道，也向人们展现了博厚、高明、悠久。圣人和天地是同德的，即“天人合一”。人和自然界如果能和谐相处，就可以对自然界的变化起到相应作用。

本章最后还对文王道德的纯真进行了赞美，实际上是把人的作用提升了，由被动的适应自然转为主动的配合自然了。

第二十七章　修身

【原文】

大哉圣人之道！洋洋乎[1]！发育万物，峻极于天[2]。优优大哉[3]！礼仪三百，威仪三千[4]。待其人而后行[5]。故曰：“苟不至德[6]，至道不凝焉[7]。”故君子尊德性而道问学[8]，致广大而尽精微[9]，极高明而道中庸[10]。温故而知新[11]，敦厚以崇礼[12]。

是故居上不骄，为下不倍[13]，国有道，其言足以兴[14]；国无道，其默足以容[15]。”《诗》曰：“既明且哲，以保其身[16]。”其此之谓与！

【注释】

〔1〕洋洋：充满的样子。

〔2〕峻：高大。

〔3〕优优：充足有余之意。

〔4〕礼仪三百，威仪三千：礼仪，周朝所定的大仪节，又称经礼。威仪，周朝所定的小仪节，又称曲礼。三百，三千，是指条数之多。

〔5〕其人：指圣贤之人。

〔6〕至德：指圣人最高之德性。

〔7〕凝：成功之意。

〔8〕尊德性而道问学：尊，恭敬奉持之意。尊德性，朱熹言：“所以存心而极乎道体之大也。”道问学，朱

熹言："所以致知而尽乎道体之细也。"

〔9〕致广大而尽精微：致，到。达到广大之地而又能尽到精微之处。

〔10〕道中庸：行中庸之道。中庸，儒家道德准则，指处理事情不偏不倚、无过不及的态度，认为是最高的道德标准。

〔11〕温故而知新：温，学习。指温习旧事而发明新理。

〔12〕敦厚以崇礼：敦，加厚。尊重厚道，崇尚礼仪。

〔13〕倍：悖逆。

〔14〕其言足以兴：他的说话足以振兴国家。

〔15〕其默足以容：他默而不言，亦足以使自己得以保全自己。容，容身，保全自己。

〔16〕"《诗》曰"句：见《诗经·大雅·烝民》篇。明，明白。哲，智慧。意为，既明白时势，又洞察是非，保他身子多安宁。

【译文】

伟大啊，圣人的道！它浩浩荡荡充满天地之间，生成发育万物，它极崇高而上达于天。宽裕而广大啊，这样的礼仪有三百条，威仪有三千条，有待圣人出现来实施。所以说："如果没有完美的德行，完美的道就不能成功。"因此君子尊崇德性，而通过好学善问，达到宽广博大的宏观境界，并深入到精微细致的微观境界；达到高尚光明，并遵循中庸之道，温习已经学过的旧知识而有新的见解，为人朴实厚道而崇尚礼仪。因此君子身处上位而不骄傲，身处下位而不背弃。国家政治清明时他的言论足以振兴国家，国家政治黑暗时他沉默不语足以容身自保。《诗》说："既明达又智慧，可以保全他的自身。"说的就是这个意思吧！

【朱熹提示】

右第二十七章。

【译文】

朱熹说，上面一段是第二十七章。

【赏析】

文章开篇便盛赞了圣人之道。作者称其像天一样广博浩瀚，能生养万物，是因其道的核心是仁，有了它，天地万物便会在和风细雨中生长。紧接着又讲到圣人之道。只有具有高尚道德的人才能承担道义、实行礼仪。最高的道与最高的德是紧密相连的，但成就高尚的道德极为不易，必须不断地加强修养，所以君子既要尊崇道德又要追求学问，在追求学问时既要追求广博又要尽力穷尽精微之处。在追求高尚光明的德行时，既要不断地修身还要符合中庸的原则。只有不断巩固已经学过的知识才能从中体会到新的知识，既敦厚笃实而又崇尚礼仪，只有这样才能体现出至高的圣人之道。

文章最后又提到了智。“邦有道，则知；邦无道，则愚。”本语出自《论语·公冶长》，在这里体现的是儒家思想的一贯主张：他们主张积极入世，反对消极退隐；但当国家无道，自己的才能无法施展之时，就要有所变通，保全自己免遭祸患。这也是“智”的体现。

第二十八章　明道

【原文】

子曰：“愚而好自用〔1〕，贱而好自专〔2〕，生乎今之世，反古之道〔3〕。如此者，灾及其身者也。”

“非天子，不议礼〔4〕，不制度〔5〕，不考文〔6〕。今天下车同轨，书同文，行同伦〔7〕。虽有其位，苟无其德，不敢作礼乐焉；虽有其德，苟无其位，亦不敢作礼乐焉。”

子曰：“吾说夏礼〔8〕，杞不足征也〔9〕；吾学殷礼〔10〕，有宋存焉〔11〕；吾学周礼〔12〕，今用之，吾从周。”

【注释】

〔1〕愚而好自用：愚，呆笨之人。好（hào），喜爱。自用，自以为是。

〔2〕自专：独断专行，不肯听人指导。

〔3〕反古之道：违反古圣贤所定之道。

〔4〕不议礼：不议论更改礼节。

〔5〕制度：一切典章法制。

〔6〕考文：考订通行的文字。

〔7〕“今天下”句：朱熹以为是子思之言。“车同轨，书同文，行同伦”是说秦始皇统一六国以后的情况，说明《中庸》某些内容为秦或秦以后儒者所增。

〔8〕吾说夏礼：说，同“悦”，喜欢。夏礼，夏朝之礼制。夏：中国历史上第一个朝代，约公元前二十一世纪到前十六世纪左右。

〔9〕杞不足征也：杞，国名，周定天下之后，封夏之后代于杞国。故城在今河南杞县。征，是征明之意。

〔10〕殷礼：商朝的礼制。殷，指商朝，公元前十六世纪商汤灭夏后建立的国家。至盘庚迁都殷（今河南安阳小屯村），因而商也被称为殷。

〔11〕有宋存焉：宋，国名，周定国之后，封殷之后代为宋国。故城在今河南商丘县南。存，存在。

〔12〕周礼：周朝的礼制，儒家极力推崇的社会礼仪制度。

【译文】

孔子说：“愚蠢而又刚愎自用，卑贱而又独断专行，生活在当今社会却偏要去恢复古代的制度，这样的人，灾祸将降临到他身上。”不是天子不议论礼制，也不制订法度，不考核文字。现在天下的车辙轨迹相同，书写的文字相同，伦理道德标准相同。即使有天子的地位，如果没有圣人的德行，不敢制作礼乐制度；即使有圣人的德行，如果没有天子的地位，也不敢制作礼乐制度。”

孔子说：“我解说夏礼，夏的后代只有一个杞国不足以验证。我学习殷礼，现在只有殷商的后代宋国保存着。我学习周礼，现在正实行它，我遵从周礼。”

【朱熹提示】

右第二十八章。

【译文】

朱熹说，上面一段是第二十八章。

【赏析】

本章承接上一章发挥“为下不倍”的意思。在本章，作者依旧对那些自

以为是、独断专行的人进行了批评，讨论了素位而行的问题。

在本章中有两个值得注意的问题。孔子一向主张“克己复礼”，但本章中又对那种生于今之世反行古之道的人进行了否定，两者似乎有些冲突，实则不然。孔子所要复的礼恰好是那种“今用之”的周礼，而不是“古之道”的“夏礼”和“殷礼”，因为那都已经是过去的了。大制度的建立，必须要有最高权势地位，还要有高尚的道德，孔子只有其德而无其位，所以只能提倡“周礼”而已。

第二个问题就是文中“今天下，车同轨，书同文，行同伦”一句，这是秦始皇统一中国之后的局面。秦始皇顺应历史，不仅结束了诸侯割据的局面，还在政治、经济、文化上进行了一系列改革，其中就包括统一“度量衡”。这句正好为认为《中庸》为战国至秦代之间的学者所著的一些观点提供了一个证据。

第二十九章　明辨

【原文】

王天下有三重焉[1]，其寡过矣乎[2]！上焉者，虽善无征[3]，无征不信，不信民弗从；下焉者，虽善不尊[4]，不尊不信，不信民弗从。

故君子之道[5]，本诸身[6]，征诸庶民[7]，考诸三王而不缪[8]，建诸天地而不悖[9]，质诸鬼神而无疑[10]，百世以俟圣人而不惑[11]。质诸鬼神而无疑，知天也；百世以俟圣人而不惑，知人也。是故君子动而世为天下道[12]，行而世为天下法[13]，言而世为天下则[14]。远之则有望[15]，近之则不厌[16]。

《诗》曰：“在彼无恶，在此无射；庶几夙夜，以永终誉[17]！”君子未有不如此，而蚤有誉于天下者也[18]。

【注释】

〔1〕王天下有三重焉：王（wàng），动词，统治天下。三重，三件重要之事，指上文所言的议礼、制度、考文。统治天下能够做到三件重要之事。

〔2〕寡过：寡，少。过，指过失，错误。

〔3〕上焉者：朱熹云：“谓时王以前，如夏、商之礼虽善，而皆不可考。”

〔4〕下焉者：朱熹云：“谓圣人在下，如孔子虽善于礼，而不在尊位也。”

〔5〕君子：指统治天下之人。

〔6〕本诸身：从自身做起，而有其德，诸，“之于”之意。

〔7〕征诸庶民：征，验证。庶民，百姓。

〔8〕考诸三王而不缪：考，考查。三王，指夏、商、周三代君王。缪，谬误。

〔9〕建诸天地而不悖：建，立。天地，指道。悖，反悖。

〔10〕质：质问。

〔11〕百世以俟圣人而不惑：百世，指百世以后。俟（sì），等待。不惑，不疑惑。

〔12〕动而世为天下道：动，举动。世，世代。道，朱熹注云：“兼法则而言。”

〔13〕法：法度。

〔14〕则：准则。

〔15〕远之则有望：离开他，必有企慕敬仰之情。

〔16〕近之则不厌：近在身边则不会生厌倦之心。

〔17〕“《诗》曰”句：见《诗经·周颂·振鹭》。恶，厌恶。射（dù），妒忌，在《诗经》作“斁”。庶几，不论。夙夜，早晚。誉：声誉。

〔18〕蚤：通“早”。

【译文】

统治者治理天下能做到“议礼、制度、考文”，就可以减少犯错误。处上位的人德行虽然美善而没有验证，没有验证人们就不能相信，人们不相信就不会遵从；处下位的人德行虽然美善但不尊贵，不尊贵人们就不能相信，人们不相信就不会遵从。所以君子治理天下的道理，要以修养自身为根本，在百姓中取得验证确认，并用夏、商周三代圣王的礼仪制度来考查而没有错误，立于天地之间与天地相合而不违悖道理，卜问鬼神得到验证而无可怀疑，等到百世之后的圣人来验证也没有疑惑。卜问鬼神得到验证而无可怀疑，这是了解天意；等到百世之后的圣人去验证也没有疑惑，这是了解人意。因此君子的举动世世代代成为天下的法则，君子的行事世世代代成为天下的楷模，君子的言论世世代代成为天下的准则。远离君子的人有企慕之心，靠近君子的人无厌恨之意。《诗》说："在那里没有怨恨，在这里没有厌恶，几乎早晚都勤谨，永远保持美好声名。"君子没有不这样做却能一直有美名远播的。

【朱熹提示】

右第二十九章。

【译文】

朱熹说，上面一段是第二十九章。

【赏析】

本章承接"居上不骄"的意思而发挥，议论的依然是治国安邦的问题。"三重"指的是统一的制度、统一的礼节仪式、统一的书写文字。如果统治者能注意到这一问题，他在执政中所犯的过失就会减少。

儒家学者一向津津乐道夏、商、周三代的治国之道，作者一再宣扬三代"质诸鬼神而无疑，百世以俟圣人而不惑"。作者认为只有圣人才可以做到"动而世为天下道，行而世为天下法，言而世为天下则"。作者还指出，一些圣人如孔子，虽有美德，但位不尊，无法做到议礼、制度、考文。而能王天下的人所持之道，必须要本着自修道德，身体力行，取信于民，还要经得起历史的考验。不悖于自然规律，使造化也无疑问，即使圣人再起也是改变不了的。一个君王，只有既知自然规律，又知社会人生，懂的多，经历的多，体悟的也会多，这样言动便可成为天下的道理、法则。当天下众望所归时，便可以顺利推行政令了。

第三十章　知法

【原文】

仲尼祖述尧舜[1]，宪章文武[2]；上律天时[3]，下袭水土[4]。辟如天地之无不持载[5]，无不覆帱[6]，辟如四时之错行[7]，如日月之代明[8]。万物并育而不相害，道并行而不相悖，小德川流，大德敦化[9]，此天地之所以为大也。

【注释】

〔1〕祖述：传述其道，远宗其道。

〔2〕宪章：效法，守其法。

〔3〕上律天时：对上遵从自然之运行。

〔4〕下袭水土：对下袭法大地之规律。

〔5〕辟：通“譬”。

〔6〕覆帱：遮盖，掩盖。帱（dào），覆盖。

〔7〕错行：错，迭。错综运行。

〔8〕代明：代，更代。交替照耀。

〔9〕敦化：敦厚而同化。

【译文】

仲尼继承尧、舜的传统，效仿文王、武王的典章，上遵从天时运行的规律，下符合水土地理环境。就像天地没有什么东西不能承载，没有什么东西不能覆盖；就像四季错综运行，日月交替照耀，万物一起生长而不相防害，遵循各自的规律而不相违悖。小德如江河流浸，大德敦厚而化育万物，这就是天地之所以盛大的原因吧。

【朱熹提示】

右第三十章。

【译文】

朱熹说，上面一段是第三十章。

【赏析】

尧、舜、文王、武王一向是儒家学者所尊崇的榜样。尧、舜仁慈孝友，天下为公；文王、武王除暴安民，以德治天下。在本章中，作者对他们的德行给予了高度的评价，因为这是上顺天时，下合地理。他们的高尚品德是孔子学习的对象，他们的思想也深深地影响了孔子。孔子宗奉他们的道德、礼制，并加以发扬光大。作者是以自然界来赞誉孔子的。天地日月是自然界最广大的东西，而孔子是博大宽容的，所以完全可以与天地比肩、与日月同辉。又用“小德川流，大德敦化”来形容万物的多样性和统一性。万物自由生长，天地无声化育，这就是天地之所以伟大的原因，这也同圣人的道德作用一样。作者把孔子的地位又提高了一个层次，把他当成了中庸之道的典范。

第三十一章　修身

【原文】

惟天下至圣，为能聪明睿知[1]，足以有临也[2]；宽裕温柔，足以有容也[3]；发强刚毅[4]，足以有执也[5]；齐庄中正[6]，足以有敬也；文理密察[7]，足以有别也。

溥博渊泉[8]，而时出之。溥博如天，渊泉如渊。见而民莫不敬[9]，言而民莫不信，行而民莫不说[10]。是以声名洋溢乎中国，施及蛮貊[11]；舟车所至，人力所通；天之所覆，地之所载，日月所照，霜露所队[12]；凡有血气者，莫不尊亲，故曰配天[13]。

【注释】

〔1〕睿知：睿，思想敏锐。知，智慧。英明有远见。

〔2〕有临：居上而临下。

〔3〕有容：包容。

〔4〕发强刚毅：发，奋发。强，强健。刚，刚正。毅，持久。

〔5〕执：决断。

〔6〕齐庄中正：齐，通“斋”，斋戒。庄，庄重。中，适中。正，正当。

〔7〕文理密察：文，文章。理，条理。密，详细。察，明辨。

〔8〕溥博渊泉：溥，大。博，广。渊，深。意为，圣人行事，如广大而渊深的泉水。

〔9〕见（xiàn），现。

〔10〕说（yuè）：通“悦”，喜欢，喜悦。

〔11〕蛮貊（mò）：古代两个边远部族的名称，泛指未开化之少数民族。

〔12〕队（zhuì）：通“坠”，坠落。

〔13〕配天：朱熹注云：“言其德之所及，广大如天也。”

【译文】

只有天下最圣明的人，才能做到聪明睿智可以临视万物，宽厚温柔可以包容天地，刚强坚毅可以决断事物，端庄公正可以使人尊敬，条理清晰细致可以辨别是非邪正。圣人的美德博大精深而又适时表现出来。博大像天，深沉像渊，表现在仪表上则人们没有不敬佩的，表现在言论上则人们没有不信任的，表现在行为上则人们没有不欢欣的。所以他的美好名声广泛流传在中原，并传播到边远的少数民族部落；车船所到的地方，步行所到的地方，天所覆盖的地方，地所负载的地方，日月所照耀的地方，霜露降落的地方，只要有血脉气息的人，没有人不尊敬亲近他的。所以说圣人的德行可以与天匹配。

【朱熹提示】

右第三十一章。

【译文】

朱熹说，上面一段是第三十一章。

【赏析】

本章是针对天下至圣而言。

天下至圣，他所具备的道德如天地般宽大深远，时时刻刻都能让人感受到他们的德行，人们也十分信服和欢迎他的言论和行为。一个至圣，他一定具有很深的内涵，其内涵主要有五项："聪明睿智"、"宽裕温柔"、"发强刚毅"、"齐庄中正"、"文理密察"。再联系前文所说圣人是生知安行的，所以"聪明睿智"是讲圣人生而知之的，即所谓"生知之质"。"宽裕温柔"是仁，"发强刚毅"是义，"齐庄中正"是礼，"文理密察"是智。这些是作为一个圣人必须具有的品德。正因如此，圣人可以与天地相匹配，如同日月星辰，凡是有血气的人，没有人不尊重他、亲近他。作者写此篇的目的就是希望人们能够接受圣人的教化，加强个人自身的道德修养，努力向圣人靠拢。

第三十二章　诚意

【原文】

惟天下至诚，为能经纶天下之大经〔1〕，立天下之大本〔2〕，知天地之化育〔3〕。夫焉有所倚〔4〕？肫肫其仁〔5〕！渊渊其渊〔6〕！浩浩其天！苟不固聪明圣知达天德者〔7〕，其孰能知之？

【注释】

〔1〕经纶：本为织丝的名词。经，理其绪而分之。纶，比其类而合之。引申为治理。大经，大政。

〔2〕本：根本。

〔3〕化育：化养万物。

〔4〕倚：倚靠。

〔5〕肫肫（zhūn zhūn）：诚挚恳切的样子。

〔6〕渊渊：静深的样子。

〔7〕固：实在。天德：天地之德性。

【译文】

只有天下最真诚的人，才能制定治理天下的法则，树立天下的根本，掌握天地化育万物的道理。他要依倚些什么呢？多么诚恳啊他的仁爱之心，多么深远啊他的聪明才智，多么广大啊他的美德善行。如果他不是本来就聪明智慧通达天赋美德的人，还有谁能知道天地的真诚呢？

【朱熹提示】

右第三十二章。

【译文】

朱熹说，上面一段是第三十二章。

【赏析】

本章是上一章的延续，继续谈天下至圣所产生的巨大的社会作用。

至圣，是必须要至诚的，无诚无以为圣。所谓“大经”是指五伦，即五种人际关系。“大本”是指性之全体，如“仁”、“义”、“礼”等。这二者都需要高度的诚，而高度的诚只有圣人才可以做到。理顺“大经”，立起“大本”，那么儒家所追求的“仁”也就十分笃实了，像潭水一样深静，像活水一样广博。这种崇高的道德自然会独自挺立，无须依托任何东西了。这种道理只有与天地同德的圣人才能够完全领会并运用。也正因为天下有了这样的圣人，国家政治才走上了正轨，社会生活也安定宁静下来，社会生产也不断地向前发展。本章极力形容“至圣”和“道”的同时，也特别强调个人修身养性，建议人们模仿圣人的言行、举止和思想，借以成就自己。

第三十三章　正心

【原文】

《诗》曰："衣锦尚䌹。"[1]恶其文之著也[2]。故君子之道，闇然而日章[3]；小人之道，的然而日亡[4]，君子之道，淡而不厌[5]，简而文[6]，温而理[7]。知远之近，知风之自，知微之显，可与入德矣[8]。

《诗》云："潜虽伏矣，亦孔之昭[9]！"故君子内省不疚[10]，无恶于志[11]。君子之所不可及者，其惟人之所不见乎。

《诗》云："相在尔室，尚不愧于屋漏[12]。"故君子不动而敬[13]，不言而信[14]。

《诗》曰："奏假无言，时靡有争[15]。"是故君子不赏而民劝[16]，不怒而民威于鈇钺[17]。

《诗》曰："不显惟德！百辟其刑之[18]。"是故君子笃恭而天下平[19]。

《诗》云："予怀明德，不大声以色[20]。"子曰："声色之于以化民，末也。"

《诗》曰："德輶如毛[21]。"毛犹有伦[22]。"上天之载，无声无臭[23]。"至矣！

【注释】

〔1〕“《诗》曰”句：见《诗经·卫风·硕人》篇。原句作“衣锦䌹衣”。䌹（jiǒng），同“褧”，禅衣。尚，加上。意为，穿了色彩鲜艳的锦衣，还要加上一件罩衫。

〔2〕恶其文之著也：嫌那锦衣的文彩太显著的缘故。

〔3〕闇然而日章：闇（àn），昏暗。闇然，看不见的样子。章，明显。

〔4〕的（dì）然：确凿不移的样子。

〔5〕淡而不厌：淡淡不显，而不使人讨厌。

〔6〕简而文：简易而又文质彬彬。

〔7〕温而理：温和亲切而有条理。

〔8〕知远之近，知风之自，知微之显，可与入德矣：朱熹注云：“远之近，见于彼者由于此也。风之自，著乎外者本乎内也。微之显，有诸内者形诸外也。有为己之心，而又知此三者，则知所谨而可入德矣。”

〔9〕“《诗》云”句：见《诗经·小雅·正月》篇。潜，隐藏。伏，看不见。孔，甚。昭，明显，显著。

〔10〕不疚：不惭愧。疚，病。

〔11〕无恶于志：朱熹言：“犹言无愧于心，此君子谨独之事也。”

〔12〕“《诗》云”句：见《诗经·大雅·抑》篇。相，视。屋漏，古时谓屋子的西北隅。

〔13〕不动而敬：不行动，人都敬重他。

〔14〕不言而信：没有说话，人都相信他。

〔15〕“《诗》曰”句：见《诗经·商颂·烈祖》。奏，进。假（gé），通“格”。靡有，没有。

〔16〕不赏而民劝：不赏赐，而百姓自然互相劝勉为善。

〔17〕𫓧钺：𫓧（fū），刀。钺（yuè），斧。

〔18〕“《诗》曰”句：见《诗经·周颂·烈文》篇。不显。意为岂不显，大显。辟（bì），诸侯。刑，通“型”，典型，效法。

〔19〕笃恭：笃，忠厚。恭，谦恭。

〔20〕“《诗》云”句：见《诗经·大雅·皇矣》予怀明德，朱熹言：“予，设为上帝之自称也。怀，眷念也。明德，文王之明德也。”声，发号施令。色，容貌，神色。

〔21〕“《诗》曰”句：见《诗经·大雅·烝民》篇。輶（yóu），轻。

〔22〕伦：比较。

〔23〕“上天之载，无声无臭”：见《诗经·大雅·文王》篇。载，事。无声无臭：没声响，没气味。

【译文】

《诗》说：“穿着锦缎，外面加上一件麻纱衣。”这是嫌锦衣的纹彩太显眼了。因此君子的道德深远而日益彰明，小人的道德浅近而日益消亡。君子的道德恬淡自然而从不厌倦，形式简单而内蕴文采，温和而达理，由近而知远，由末而知本，由微而知显，掌握了上面的道理，就可以进入圣人高尚的道德境界。《诗》说：“虽然潜藏隐匿，也显而易见。”所以君子经常自我反省自己而无所愧疚，无所损毁心志。君子对于一般人来说有无法企及的地方，大概就在于即使没有人看见他也能严格要求自己吧。《诗》说：“看你独自一个人在家里，心地光明无愧于天。”所以君子不行动而能受到尊敬，不说话而能取得信任。《诗》说：“默默无声地祈祷，现在不再有纷争。”所以君子不奖赏人民而人民自会努力，不发怒而人民就像看到刑戮一样畏惧。《诗》说：“大大地发扬美好德性，诸侯百官就会齐力效行。”所以君子敦厚恭敬，天下国家就会太平。《诗》说：“我向往有显赫德行的人，他从来不疾声厉色。”孔子说：“用疾声厉色来教化人民只是抓住旁枝末节。”《诗》说：“用德教化人民轻易如举鸿毛。”这里的德还可以用鸿毛来类比。“上天生育万物，其道无声无味。”这才是德的最高境界。

【朱熹提示】

右第三十三章。子思因前章极致之言，反求其本；复自下学为己谨独之事，推而言之，以驯致乎笃恭而天下平之盛，又赞其妙，至于无声、无臭而后已焉。盖举一篇之要，而约言之。其反复丁宁示人之意，至深切矣，学者其可不尽心乎？

【译文】

朱熹说，上面一段是第三十三章。子思按照前章所说圣人道德的极致，反过来探求其根本方法。这一章再从后学立身慎独说起，一直讲到君子笃厚恭谨而天下太平的盛况，更称赞他们德行高妙，达到了“无声无臭”的最高境界。这是举出《中庸》一书的要旨，而加以总结说明。这种反复叮咛教人的用意，真是深远恳切啊，学习的人难道可以不尽心去研究吗？

【赏析】

此篇为中庸末篇，由前面高远广博的圣人之道回归于君子之道，正如“君子之道，辟行远必自迩，辟如登高必自卑”一样为学者开出了一条入德之路。

本篇首先划清了君子与小人的界限。君子之道，开始并不辉煌，在日积月累中才逐渐看见其光辉；而小人却恰好相反，开始张扬，华而不实，逐渐而隐没消亡。君子外表平淡、温和，却内有品位、文采，魅力由内而外发出，具有很深的影响力。接着作者并由此推及当时社会局面，当时的新兴地主阶级不屑于周代礼制，不用仁义道德的君子之道来治理国家，而是采用严刑峻法，斧钺相加来教化民众，这是儒家一向反对的，并称之为末流做法。他们认为统治者用德治国牢守德行、恭敬行事，这样民众自然会信服。最好的德治如同羽毛落地一样，令人毫无察觉。若再能像“无声无臭”一样没有声色和气味，看不见、摸不到、听不到、嗅不出，犹如和风细雨，沁人心脾，人们便在潜移默化中就得到感化。这就是德治的最高境界，是儒家最推崇的，也是儒家最提倡的治国之道。

附：论语名句

（《论语·学而》）

成才之途

【原文】

子曰："学而时习之，不亦说乎？有朋自远方来，不亦乐乎？人不知而不愠，不亦君子乎？"

【译文】

孔子说："学了后，时时去温习它，不也很愉快吗？有志同道合者从远处赶来，不也很快乐吗？别人不了解自己的才能，我却不抱怨，不就是个君子吗？"

【赏析】

本节评述了孔子对于学习、朋友和交往中应注意的态度，学习需要不断复习，朋友要交往志同道合者，才有乐趣，与人交往不能炫耀自己的才华，要谦虚有礼，才算得上君子。

（《论语·学而》）

斥巧令

【原文】

子曰："巧言令色，鲜矣仁！"

【译文】

孔子说："满口是讨人喜欢的花言巧语，满脸是讨人喜欢的伪善神色，这种人，仁德是不多的！"

【赏析】

本节说明了孔子识人的态度。孔子识人注重内心的仁德，而不注重表面的花言巧语，越是执着于巧言令色的人，越是没有仁德的人，真正的仁德之人，是不屑于用言语迷惑对方，或用言语哗众取宠的。

（《论语·学而》）

三省吾身

【原文】

曾子曰："吾日三省吾身：为人谋而不忠乎？与朋友交而不信乎？传不习乎？"

【译文】

曾子说："我一天中多次反省自己：为别人办事不够尽心吗？与朋友交往不够诚实吗？老师传授的学业不够熟练吗？"

【赏析】

本节强调在儒家修身中自我反省的重要性。人是在不断地自我反省中进步的，不断地改善自己的不足之处，不断地完善自己，这样人所犯的错误就会越来越少。

（《论语·学而》）

温良恭俭让

【原文】

子禽问于子贡曰："夫子至于是邦也，必闻其政，求之与？抑与之与？"子贡曰："夫子温、良、恭、俭、让以得之。夫子之求之也，其诸异乎人之求之与？"

【译文】

子禽向子贡问道："夫子每到一个国家，必定要了解那个国家的政事，是去要求了解的呢，还是别人主动告诉他的呢？"子贡说："夫子是凭着温和、善良、恭敬、俭朴、谦让的态度来得到的。夫子获闻各国政事，与别人获闻各国政事不同吧？"

【赏析】

本节通过子禽与子贡的对话，让我们看出孔子力求主张的为人之道。孔子主张做人当有温、良、恭、俭、让五种美德，这五种美德是儒家最先倡导，现在已是中华民族的传统美德。

（《论语 · 学而》）

和为贵

【原文】

有子曰："礼之用，和为贵。先王之道，斯为美，小大由之。有所不行，知和而和，不以礼节之，亦不可行也。"

【译文】

有子说："礼的作用，以中和为可贵。先王的治国之道，以此为可贵，无论大事小事，都以此为原则。假如有行不通的地方，知道要和谐，就去求和谐，而不以礼去加以调节，也是不可行的。"

【赏析】

儒家传统的中庸之道讲究"以和为贵"。和也就是讲究一切都要恰到好处，恰到好处是礼的精要，礼应该讲究一切恰到好处，不能过也不能不及，礼既不是约束，也不是放纵，是"和谐"。

（《论语·学而》）

好　学

【原文】

子曰："君子食无求饱，居无求安，敏于事而慎于言，就有道而正焉，可谓好学也已。"

【译文】

孔子说："对君子来说，吃饭不求全足，居住不求安逸，做事要勤敏，说话要谨慎，接近有道德的人，就在那里纠正自己的过错，就可以说是好学了。"

【赏析】

本节孔子认为君子为学要以修身养性、安贫乐道为要，对于物质层面的东西应该不屑一顾，要不断向有道之人学习，说话要谨慎，做事要敏捷，也就是在求学上强调道德实践重于知识。

（《论语·学而》）

患不知人

【原文】

子曰："不患人之不己知，患不知人也。"

【译文】

孔子说："不担心别人不了解自己，就担心自己不了解别人。"

【赏析】

本节说明个人修养不要计较名利得失。人不知道自己，自己也没有什么损失，但如果自己不知道别人，对贤者不能交而用，对不贤者不能避而远，这样祸患就不远了。

（《论语·为政》）

思无邪

【原文】

子曰："《诗》三百，一言以蔽之，曰：'思无邪'。"

【译文】

孔子说："《诗经》三百篇，用其中一句话来概括它，就是'思想纯正无邪'。"

【赏析】

本节是孔子对《诗经》思想的总结。孔子认为《诗经》的总纲就是"无邪"的思想，《诗经》通篇都蕴含着纯正的思想精华，没有邪念，孔子以此意在说明施行德政的重要性。

（《论语·为政》）

一生总结

【原文】

子曰："吾十有五而志于学，三十而立，四十而不惑，五十而知天命，六十而耳顺，七十而从心所欲，不逾矩。"

【译文】

孔子说："我十五岁开始有志于学问；到三十岁知书识理，能够立身处世；到四十岁，对自己的言行学说坚信不疑；到五十岁懂得世事的发展，懂得了天命；到六十岁已能理解和泰然地对待听到的一切；到七十岁可以从心所欲而又不越出周礼的规范。"

【赏析】

本节是孔子对自己一生经验的总结。每一个人生阶段的思想都是对上一个人生阶段思想的升华和进步，尤其是最高境界随心所欲还能合乎礼仪，是个人修养的顶峰。孔子的这段话已成千古名言，传颂至今。

（《论语·为政》）

论 孝（二则）

【原文】

子游问孝。子曰："今之孝者，是谓能养。至于犬马，皆能有养；不敬，何以别乎？"

【译文】

子游请教孝道。孔子说："现在的所谓孝道，只看作能够养活父母就行了。至于犬马，都能得到饲养；如果对父母缺乏敬爱之心，拿什么去区别对待二者的不同呢？"

【赏析】

本节孔子以"敬"来解释孝。孔子认为真正对父母孝顺，不能只是在居住和饮食上尽到赡养义务，更要从精神上做到"敬"，因为只有尊敬父母，才能看出内心的孝敬之情。

【原文】

子夏问孝。子曰："色难。有事弟子服其劳，有酒食先生馔，曾是以为孝乎？"

【译文】

子夏请教孝道。孔子说："孝道难就难在儿子在父母面前总能保持和颜悦色。碰到事情，由年轻人效劳，遇到好吃好喝的，让年长的享用，这样就可以称作尽孝道了吗？"

【赏析】

本节是孔子从“色难”的角度来解释“孝”，与上一章的从“敬”的角度来解释一样都是从情感的层面来讲的，都是说孝顺父母更要关注内心，而非徒具表面上的形式而已。

（《论语·为政》）

温故知新

【原文】

子曰：“温故而知新，可以为师矣。”

【译文】

孔子说：“能够在温习旧知识时有新的体会和发现，就可以做老师了。”

【赏析】

本节孔子讲的是如何可以成为一个老师。如果能够不断地复习旧知识，并从旧知识中得到新的体会，这样的人是可以成为一个合格的老师的。因为一旦温故知新养成习惯，学问会大有长进的。

（《论语·为政》）

论君子（二则）

【原文】

子曰：“君子不器。”

【译文】

孔子说：“君子不要像器皿一样自限其用。”

【赏析】

本节说明君子要成为通才，而不能像器皿一样只局限于某一方面的用途，应该精通各门知识，不能只做“一招鲜”的人才，意即现在所提的复合型人才。

【原文】

子曰："君子周而不比，小人比而不周。"

【译文】

孔子说："君子亲密团结，而不相互勾结，小人相互勾结，而不亲密团结。"

【赏析】

本节孔子从另一个角度阐明了君子与小人的区别。君子是心胸开阔、宽容大度的人，小人是心胸狭窄、嫉妒心强的人，因此，孔子从道德修养方面强调君子比小人要优秀。

（《论语·为政》）

论读书学习（二则）

【原文】

子曰："学而不思则罔，思而不学则殆。"

【译文】

孔子说："只读书而不思考， 就会越学越糊涂；只思考而不读书，就会疑惑不解。"

【赏析】

本节讲学与思相辅相成的关系。孔子认为学与思一定要相互结合，相互促进，在学的基础上思考，在思的指导下学习，两者要交修并进，单独进行其中一项都没有意义。

【原文】

子曰："由！ 诲女知之乎？ 知之为知之，不知为不知，是知也。"

【译文】

孔子说："由！我把对待知与不知的正确态度教给你！知道就是知道，不知道就是不知道，这才是明智的。"

【赏析】

本节说的是应该如何对待知与不知。讲究学问要老老实实来不得半点虚假，知道就是知道，不知道就是不知道，这样实事求是的为学态度，才能获得进步，是智者的行为。

（《论语·为政》）

信　用

【原文】

子曰："人而无信，不知其可也。大车无輗，小车无軏，其何以行之哉？"

【译文】

孔子说："做一个人，却不讲信用，我不知道那怎么行得通！这就像大车上缺少輗，小车上缺少軏，这车怎么能走呢？"

【赏析】

本节讲的是信用对人生的重要性。孔子举例子说明信用对人的重要犹如輗、軏对车的重要，人若不守信用，就像车子不能行走一样，要不讲信用，人也不能在社会上站得稳，走得开。

（《论语·为政》）

谄与无勇

【原文】

子曰："非其鬼而祭之，谄也。见义不为，无勇也。"

【译文】

孔子说："不是自己族里的鬼神也祭祀了，这是献媚。见到合乎道义的事却不去做，这是无勇。"

【赏析】

本节孔子指出了懦弱与谄媚的具体表现，并区分了二者的不同，告诉人们什么是谄媚，什么是懦弱，二者都是人性丑陋的一面，从中可以看出孔子在分析人性方面的深刻和独到。

（《论语·八佾》）

八佾舞于庭

【原文】

孔子谓季氏："八佾舞于庭，是可忍也，孰不可忍也？"

【译文】

孔子谈起季孙氏，说道："季孙氏使用只有天子才能用的八佾之礼在庭院中舞蹈，这种事可以容忍的话，还有什么不可容忍的呢？"

【赏析】

本节是孔子批判季孙氏僭礼行为的话。孔子的思想是坚决维护周礼的，他试图用礼来规范人们的行为，对身为权臣的季孙氏公开僭礼，感到非常不满。

（《论语·八佾》）

既往不咎

【原文】

哀公问社于宰我。宰我对曰："夏后氏以松，殷人以柏，周人以栗，曰使民战栗。"子闻之曰："成事不说，遂事不谏，既往不咎。”

【译文】

鲁哀公向宰我问社祭时作神主用的是什么木料。宰我回答说：“夏代用松木，殷代用柏木，周代用栗木，意思是使人民望而生畏恐惧战栗。”孔子听了这话，批评说：“已做过的事就不再解释了，已完成的事就不能挽回了，已过去的事就不再责怪了。”

【赏析】

本节是孔子教育弟子宰我的问答，孔子认为宰我说周代用栗树是“使民战栗”是对周朝不敬的，因此孔子对宰我提出了三个原则——对于做过的事、完成的事、过去的事的态度。这三个原则在今天也有着值得借鉴的作用。

（《论语·里仁》）

义　利

【原文】

子曰：“君子喻于义，小人喻于利。”

【译文】

孔子说：“君子明白的是义，小人明白的是利。”

【赏析】

本节阐明的是君子与小人不同的义利观。在道义和利益的取舍上，君子更重视道义，而小人更注重的是利益，对义和利的不同认识是君子和小人的区别。

（《论语·里仁》）

见贤思齐

【原文】

子曰："见贤思齐焉，见不贤而内自省也。"

【译文】

孔子说："见到贤人应该想和他看齐，见到不贤的人，便应该对照自我反省。"

【赏析】

本节孔子讲的是如何与他人相处之道。见到强于自己的人，要向他学习，努力向人家靠齐；见到不如自己的人，要自省自己哪些方面还有所欠缺，只有这样才能不断完善自己。

（《论语·里仁》）

言与行（二则）

【原文】

子曰："古者言之不出，耻躬之不逮也。"

【译文】

孔子说："古时候人们不轻易把话说出来，惟恐身体力行跟不上而感到羞耻。"

【赏析】

本节孔子强调了慎言力行的重要性。做人要讲究诚信，金口不能轻易开，要么不言，言则必行，轻易许诺之人必然缺少诚信，古之圣贤，都会因为承诺的事情办不到而感到可耻。

【原文】

子曰："君子欲讷于言而敏于行。"

【译文】

孔子说："君子在说话上要谨慎迟钝，在行动上要敏捷勤奋。"

【赏析】

本节讲的是君子说话做事的一般原则。说话一定要谨慎，做事一定要敏捷，用行为来说话，不轻易许诺、夸夸其谈，这是为人处世中一条重要的原则，今天人们还奉为处世之箴言。

（《论语·公冶长》）

劝勉训诫弟子（三则）

【原文】

子谓子贡曰："女与回孰愈？"对曰："赐也何敢望回？回也闻一以知十，赐也闻一以知二。"子曰："弗如也，吾与女弗如也。"

【译文】

孔子对子贡说："你和颜回谁强？"子贡回答说："我呀，怎么敢和颜回比？颜回呀，听到一件事，可以推知十件事；我呀，听到一件事，只能推知两件事。"孔子说："确实赶不上他，我同意你的看法，确实赶不上他。"

【赏析】

本节讲的是孔子借赞赏颜回来激励子贡。子贡认为自己比不上颜回，孔子也这样认为，敦促子贡在与颜回对比中找出差距，努力提高自己，缩小差距。

【原文】

宰予昼寝。子曰："朽木不可雕也，粪土之墙不可圬也，于予与何诛？"子曰："始吾于人也，听其言而信其行；今吾于人也，听其言而观其行。于予与改是。"

【译文】

宰予白天睡觉。孔子说："腐烂了的木头无法雕刻，粪土一般的墙壁无法粉刷。对于宰予还有什么值得指责的呢？"孔子又说："起初我对于人，听了他说的话，便相信他的行为；现在我对于人，听了他的话，还要考察他的行为。从宰予的事情后，我改变了以前的态度。"

【赏析】

本节说的是孔子批判宰我白天睡觉的懒惰行为。孔子对宰我感到失望，指出宰我言行不一，没有诚信，所以孔子得出结论，听其言还要观其行，并以此作为识人的一种方法。

【原文】

子贡曰："我不欲人之加诸我也，吾亦欲无加诸人。"子曰："赐也，非尔所及也。"

【译文】

子贡说："我不愿别人强加给我的事，我也不想强加给别人。"孔子说："赐，这不是你能做得到的。"

【赏析】

本节子贡所说的话是实践仁的标准，类似于"己所不欲，勿施于人"。子贡的认识孔子很是欣赏，但孔子认为以目前子贡的修养还达不到这样高尚的情操境界，所以孔子希望子贡努力去做。

（《论语·公冶长》）

敏而好学，不耻下问

【原文】

子贡问曰："孔文子何以谓之'文'也？"子曰："敏而好学，不耻下问，是以谓之'文'也。"

【译文】

子贡问孔子说："孔文子为什么被谥为'文'呢？"孔子说："他聪敏而热爱学习，又谦虚下问，不以为耻，这就是用'文'作为他谥号的理由。"

【赏析】

本节是孔子称颂孔文子的话。他认为孔文子敏而好学，不耻下问，实属难得，一般的人聪敏者多不想努力学习，位高者多耻于下问。所以孔文子能做到这点，的确显示出人格的非同凡响。

（《论语·公冶长》）

三思而后行

【原文】

季文子三思而后行。子闻之，曰："再，斯可矣。"

【译文】

季文子遇事总是考虑多次才行动。孔子听后，说："考虑两次就行了。"

【赏析】

本节孔子对季文子办事过于谨慎提出批评。孔子支持遇事"三思而后行"，但不必每件事都要反复考虑，如此过于小心反倒成了畏首畏尾了。谨慎过头犹不及，过于谨慎就成了胆怯、懦弱的表现。

（《论语·雍也》）

周急不继富

【原文】

子华使于齐，冉子为其母请粟。子曰："与之釜。"请益。曰："与之庾。"冉子与之粟五秉。子曰："赤之适齐也，乘肥马，衣轻裘。吾闻之也，君子周急不继富。"原思为之宰，与之粟九百，辞。子曰："毋！以与尔邻里乡党乎！"

【译文】

公西华出使到齐国去，冉有替他的母亲请求小米。孔子说："给他一釜。"冉有请求增加，孔子说："再给他一庾。"冉有给了他五秉。孔子说："公西赤到齐国去，车前驾着肥马，身上穿着轻暖的衣袍。我听说过：君子帮助别人应当雪中送炭，而不该锦上添花。"原思做孔子家的总管，孔子给他九百斗小米作俸禄，他不肯要。孔子说："不要推辞！把它分给你的邻里乡亲嘛！"

【赏析】

本节记叙了孔子宁愿雪中送炭，也不愿锦上添花的助人原则。助人就是要周济困顿窘急的，雪中送炭是高尚美德的表现，锦上添花就显露出卑琐的媚态。

（《论语·雍也》）

三种境界

【原文】

子曰："知之者不如好之者，好之者不如乐之者。"

【译文】

孔子说："对于学问和仁德，了解它的人比不上喜爱它的人，喜爱它的人比不上乐在其中的人。"

【赏析】

本节孔子对做学问的三种境界进行了阐述并作了比较。对知之、好之、乐之三种境界而言，后者明显要高于前者，都比前者高了一个层次。其中也暗含了孔子对应该如何学习的看法。

（《论语·述而》）

学而不厌，诲人不倦

【原文】

子曰："默而识之，学而不厌，诲人不倦，何有于我哉？"

【译文】

孔子说："默默用心记下知识，学习从不满足，教导他人从不疲倦，对我来说此外还有什么呢？"

【赏析】

本节记述了孔子的学习方法、学习态度及教育他人的态度。

（《论语·述而》）

举一反三

【原文】

子曰："不愤不启，不悱不发。举一隅不以三隅反，则不复也。"

【译文】

孔子说："教导学生，不到他们想问题而想不清，想表达而说不出的时候，我不会去启发他。举示一方，他不能由此而推知其他三方，我就不再教他了。"

【赏析】

本节是孔子对启发式教育思想的阐述。作为一名教育家，孔子不仅探求理论，还亲身授课实践，在长期的教学活动中，孔子知道了启发对教育人的巨大作用。这个经验总结，无论在古代还是在现在都有极深的教育意义。

（《论语·述而》）

在齐闻《韶》

【原文】

子在齐闻《韶》，三月不知肉味，曰："不图为乐之至于斯也。"

【译文】

孔子在齐国听了《韶》乐，过了好几个月还尝不出肉味的鲜美，他说："想不到音乐带给人的快乐会达到这样的境界。"

【赏析】

本节记述的是孔子对《韶》乐的赞美。一日闻《韶》乐，竟然有三个月沉浸在其美妙的声乐之中，吃饭时竟尝不出肉味的鲜美，以此衬托出《韶》乐音律之优美。同时也体现了孔子对音乐的痴迷与专注之深。

（《论语·述而》）

富贵于我如浮云

【原文】

子曰："饭疏食，饮水，曲肱而枕之，乐亦在其中矣。不义而富且贵，于我如浮云。"

【译文】

孔子说："吃粗饭，喝白水，弯着胳膊当枕头，这种生活，其中也有着快乐。用不正当的手段而得来的富贵，在我看来好比天空飘浮的白云。"

【赏析】

本节体现了孔子安贫乐道的思想。孔子认为，精神上的快乐远远要高于物质上的快乐，只要心中有道，生活再艰苦内心也是快乐的。不义而富且贵，只不过如同浮云一样飘忽不定，转眼即逝。

（《论语·述而》）

子所不语

【原文】

子不语怪、力、乱、神。

【译文】

孔子从不谈论怪异、勇力、叛乱、鬼神。

【赏析】

本节是孔子对怪、力、乱、神的态度，从而也体现了孔子的思想主张：重人事而轻鬼神，重道德教化而反对武力征伐，关注现实，关注人生。

（《论语·述而》）

三人行必有我师

【原文】

子曰："三人行，必有我师焉。择其善者而从之，其不善者而改之。"

【译文】

孔子说："三人同行，其中必定有值得我师法的人。选择他们的优点照着去做，借鉴他们的缺点注意改正。"

【赏析】

本节孔子用自谦的说法阐述了好学的态度。每个人都非完人，也不是没有一点优点。与别人相处，就是要善于学习别人的长处，看到他们的缺点，再检查自己是否存在，有则改正。这才是真正好学者所应采取的态度。

（《论语·述而》）

与其进不与其退

【原文】

互乡难与言，童子见，门人惑。子曰："与其进也，不与其退也，唯何甚！人洁己以进，与其洁也，不保其往也。"

【译文】

互乡这地方的人不好交谈，那里的一个童子被孔子接见了，学生们感到疑惑。孔子说："应当赞成他的进步，而不赞成他的退步，这有什么过分？人家把自己打扮干净来到这里，应当赞扬他的整洁，不应当老盯着他的过去。"

【赏析】

本节通过对孔子接见互乡少年的记述，反映了孔子用辩证、发展的眼光看待人和事的观点。对待一个人，既不能老看他的过去，也不能不给别人改正错误的机会。对他人的成长，老是用旧眼光观察，这是错误的。这里也体现出孔子与人为善的性格。

（《论语·子罕》）

颜渊之喟叹

【原文】

颜渊喟然叹曰：“仰之弥高，钻之弥坚；瞻之在前，忽焉在后。夫子循循然善诱人，博我以文，约我以礼，欲罢不能。既竭吾才，如有所立卓尔。虽欲从之，末由也已。”

【译文】

颜渊喟然叹道：“仰视则越觉得高，钻研则越觉得深；眼看它在前面，却忽然到后边去了。老师善于循序渐进地诱导我们学习，用广博的文化知识充实我们，用礼节来约束我们的行为，让我们想停止学习都不可能。我用尽了才智，好像在老师的精微之道方面有所成就了。但真要想追随它，却又没有道路可寻。”

【赏析】

本节是颜回对孔子的称颂，称颂了他令弟子、令世人无可企及的学问与道德，称颂了他循循善诱，不倦教诲学生的精神，言语之中，表达了颜回对孔子的景仰与崇敬，从而也突出了孔子的伟大。

（《论语·子罕》）

逝者如川

【原文】

子在川上曰："逝者如斯夫！不舍昼夜。"

【译文】

孔子在河边说："流逝的时光就像这河水一样啊！日夜不停地奔流向前。"

【赏析】

本节是孔子对时光易逝的感叹。时光，古往今来，常令人们有所感叹。无论是英雄豪杰，还是志士仁人，面对时光的流逝，岁月的变幻，生命随之而消逝，无不发出慨叹。作为圣人，孔子也是如此，面对时光如流水般逝去，也只能无可奈何地发出一阵感叹，无可奈何地任其逝去。

（《论语·子罕》）

不可夺志

【原文】

子曰："三军可夺帅也，匹夫不可夺志也。"

【译文】

孔子说："一国的军队，可以夺去他的主帅；一个男子汉，不能强迫他放弃志向。"

【赏析】

本节是孔子对崇高人格的赞赏，同时也是对大家要守志不移的勉励。一个人的精神思想对于一个人的修养与成就是至关重要的，是一个人做人的根本，即使将来肉体已遭摧毁，但他的气节、精神是无法受到摧毁的，他的精神将永存人间。

（《论语·子罕》）

岁寒知松柏

【原文】

子曰："岁寒，然后知松柏之后雕也。"

【译文】

孔子说："天寒了，才知道松柏是最后落叶的。"

【赏析】

本节是孔子对松柏的称赞，同时也是对那些意志坚强、品德崇高之人的称赞。经过风霜，才知道松柏之顽强，经过忧难祸患，才知道人品德的高尚纯洁，一切事物，都在考验中得以验证。

（《论语·子罕》）

三　不

【原文】

子曰："知者不惑，仁者不忧，勇者不惧。"

【译文】

孔子说："聪明人没有疑惑，仁德的人没有忧虑，勇敢的人没有畏惧。"

【赏析】

本节是孔子对智者、仁者、勇者三种人不同特性的分析总结。一个人，天生资质不同，世界观不同，对人情事物的体验也不同。因此，面对同一事物，他的表现也不尽相同。

（《论语·乡党》）

厩焚不问马

【原文】

厩焚。子退朝，曰：“伤人乎？”不问马。

【译文】

孔子家的马棚失火了。孔子退朝回来，问道：“伤人了吗？”并不问马的损失情况。

【赏析】

马棚失火，关心人而不关心马，反映了孔子对待意外灾祸的态度，即重人轻物，同时也反映出对人的生命的珍视和关爱。

（《论语·先进》）

鬼神与死

【原文】

季路问事鬼神。子曰：“未能事人，焉能事鬼？”曰：“敢问死。”曰：“未知生，焉知死？”

【译文】

子路问如何侍奉鬼神。孔子说：“活人尚不能侍奉好，哪能去侍奉鬼？”子路又说：“冒昧问死是怎么回事。”孔子说：“生都弄不清楚，又怎能知道死呢？”

【赏析】

本节通过对季路与孔子问答的记述，表明孔子关注现实以及对鬼神敬而远之的态度，同时也告诉了我们如何对待生死的态度。

（《论语·颜渊》）

君子不忧不惧

【原文】

司马牛问君子。子曰："君子不忧不惧。"曰："不忧不惧，斯谓之君子已乎？"子曰："内省不疚，夫何忧何惧？"

【译文】

司马牛问怎样成为一个君子。孔子说："君子不忧愁，不畏惧。"司马牛说："不忧愁，不畏惧，这就可以叫做君子了吗？"孔子说："心中反省自己而没有愧疚，还有什么忧愁和畏惧呢？"

【赏析】

"内省不疚，夫何忧何惧？"这是孔子对心怀坦荡、问心无愧的君子的总结。君子内心光明磊落，无愧于人，无憾于天地，自然能够得到世人的尊重。

（《论语·颜渊》）

君子成人之美

【原文】

子曰："君子成人之美，不成人之恶。小人反是。"

【译文】

孔子说："君子助成别人的好事，不助成别人的坏事。小人与这相反。"

【赏析】

本节孔子从待人的角度分析了君子与小人的不同。在日常生活中，我们应该学习君子关心他人，希望他人朝好的方向发展的美好情操，帮助他人、善待他人；相反地，应该摒弃小人那种与人为恶，破坏他人的恶习。

（《论语·子路》）

正　身（二则）

【原文】

子曰："其身正，不令而行；其身不正，虽令不从。"

【译文】

孔子说："在上位者只要自己行为端正，不用发布命令，事情也行得通；他自己行为不端正，即使发布命令，百姓也不会服从。"

【赏析】

本节孔子强调了执政者的品行的重要性。他认为，身为执政者就必须给万民做表率，如果自己不以身作则，要下面的人遵从命令，就很难了。带兵，要身先士卒；执政，也要身先百姓。只有这样，政令才能通达，礼乐才能兴起。

【原文】

子曰："苟正其身矣，于从政乎何有？不能正其身，如正人何？"

【译文】

孔子说："假如自己行为端正了，对于治理政事还有什么困难？自己行为不能端正，又怎能使别人端正呢？"

【赏析】

本节孔子强调执政者要身体力行，从自己做起，所谓身教重于言传，领导者自身的修养是决定工作绩效的主要因素。如果领导者本身就不能起模范带头作用，又有何理由去要求他人行为端正，处事公允呢？

（《论语 · 子路》）

欲速不达

【原文】

子夏为莒父宰，问政。子曰："无欲速，无见小利。欲速则不达，见小利则大事不成。"

【译文】

子夏担任莒父邑的长官，向孔子问如何治理政事。孔子说："不可贪求速成，不可只顾小利。贪求速成，就达不到目标；只顾小利，就办不成大事。"

【赏析】

本节孔子教导子夏，为政不能急于求成，不能贪图小利，应该要有远大的目光和长远的发展计划。不仅为政如此，生活的其他方面也是这样，"欲速则不达，见小利则大事不成"，这是至理名言。

（《论语 · 子路》）

和而不同

【原文】

子曰："君子和而不同，小人同而不和。"

【译文】

孔子说："君子通过发表不同意见来与人交流以达到统一，却不苟同；小人只是苟同，却不肯发表自己的意见。"

【赏析】

本节孔子阐述了君子与小人待人处世的不同。君子因为有所坚持，而不放弃原则，因此保持了个体的独立，不盲从附和却可以与人和谐相处；而小人万事以利为先，利益在时便可称兄道弟，利益去时便是怨恨相对。

（《论语·卫灵公》）

杀身成仁

【原文】

子曰："志士仁人，无求生以害仁，有杀身以成仁。"

【译文】

孔子说："仁人志士，不因贪生怕死而损害仁德，却勇于献身以成就仁德。"

【赏析】

本节孔子讲述仁人志士为了追求仁德，生命也是可以牺牲的，也就是要做到"杀身成仁""舍生取义"。这一思想是儒家所奉行的，对后世影响深远。

（《论语·卫灵公》）

培养仁德

【原文】

子贡问为仁，子曰："工欲善其事，必先利其器。居是邦也，事其大夫之贤者，友其士之仁者。"

【译文】

子贡问如何修养仁德。孔子说："工匠要完成好他的工作，必须先把他的工具准备好。我们住在一个国家里，就要侍奉大夫中的贤人，交结士人中的仁人。"

【赏析】

本节孔子讲了结交有仁德的朋友，也是为仁的一个重要方面。所谓"近朱者赤"，一个人的修养是可以通过他结交的朋友的修养看出来的。因为经常与仁德之人在一起，自己就会潜移默化受其影响。

（《论语·卫灵公》）

恕　道

【原文】

子贡问曰："有一言而可以终身行之者乎？"子曰："其恕乎！己所不欲。勿施于人。"

【译文】

子贡问道："有一个字可用来终身遵照它去做的吗？"孔子说："大概只有'恕'吧！自己所不想要的东西，就不要强加给别人。"

【赏析】

本节孔子认为推己及人的恕道是可以终身奉行的原则。自己所厌恶的东西，就不要强加给人，也就是做人当以责人之心责己，以恕己之心恕人。只有这样做，才能可获得别人敬重，这是修养高的君子的表现。

（《论语·卫灵公》）

当仁不让

【原文】

子曰："当仁，不让于师。"

【译文】

孔子说："面对实践仁道的时机，即使老师也不必谦让。"

【赏析】

本节中，孔子鼓励人们面对仁德，当勇往直前地追求，不要有所顾忌，就是对老师也要毫不谦让。这点颇似亚里士多德主张的"吾爱吾师，吾更爱真理"。

（《论语·季氏》）

益友与损友

【原文】

孔子曰：“益者三友，损者三友。友直，友谅，友多闻，益矣。友便辟，友善柔，友便佞，损矣。”

【译文】

孔子说：“对自己有益的有三种朋友，对自己有害的有三种朋友。与正直的人为友，与诚实的人为友，与见闻广博的人为友，便对自己有益了。与谄媚奉承的人为友，与虚情假意的人为友，与夸夸其谈的人为友，便对自己有害了。”

【赏析】

本节孔子阐述了好坏朋友的标准和不同。文中，孔子为了说明这个问题，先后讲了三种有益的朋友和三种有害的朋友。如何交友，交什么样的朋友使人一目了然。

（《论语·季氏》）

三　愆

【原文】

孔子曰：“侍于君子有三愆：言未及之而言谓之躁，言及之而不言谓之隐，未见颜色而言谓之瞽。”

【译文】

孔子说：“侍奉君子容易犯三种过失：没轮到自己说话就先说，叫做急躁；轮到自己说话却不说，叫做隐瞒；不看对方脸色就冒然开口，叫做眼瞎。”

【赏析】

本节孔子阐述了在言谈时所应注意的几个问题。说话，也是一门艺术，说话得体，不仅使人愉悦，还可以使事情顺利完成；反之，则会伤人在先，败事在后。所以孔子强调，说话一定要掌握时机，即该说则一定要说，不该说则一定不要乱语。

（《论语·季氏》）

君子三戒

【原文】

孔子曰："君子有三戒：少之时，血气未定，戒之在色；及其壮也，血气方刚，戒之在斗；及其老也，血气既衰，戒之在得。"

【译文】

孔子说："君子有三件事应该警戒自己：年轻时，血气未定，应在迷恋女色方面警戒自己；壮年时，血气正旺，应在争强好斗方面警戒自己；年老时，血气已衰，应在贪求名利方面警戒自己。"

【赏析】

本节孔子叙述了在人生的三个阶段，人们最应该戒忌的三件事。随着人由小到大的成长、成熟，人的身心也都发生着变化，各个阶段的情况不同，所警惕戒备的事情也不同。本节中孔子所提出的就很有普遍意义。

（《论语·季氏》）

其语其人

【原文】

孔子曰：“见善如不及，见不善如探汤。吾见其人矣，吾闻其语矣。隐居以求其志，行义以达其道。吾闻其语矣，未见其人也。”

【译文】

孔子说：“见到善如同赶不及似的急切追求，见到不善就如用手去试热开水一样迅速抽离。我见到过这样的人，也听到过这样的话。隐居避世以求保全自己的志向，出仕为臣以实现自己的主张。我听说过这样的话，但没见到过这样的人。”

【赏析】

本节孔子对两种人进行了论述，一种是摒弃邪恶、追求善良的人，一种是保持操守以求大道的人。两者相比，孔子更赞成后者。对于后者，孔子说他未曾见过。其实对普通人来讲，即使是达到前者的境界，也是非常难得的了。

（《论语·季氏》）

陈亢问一得三

【原文】

陈亢问于伯鱼曰：“子亦有异闻乎？”对曰：“未也。尝独立，鲤趋而过庭。曰：‘学《诗》乎？’对曰：‘未也。’‘不学《诗》，无以言。’鲤退而学《诗》。他日，又独立，鲤趋而过庭。曰：‘学礼乎？’对曰：‘未也。’‘不学礼，无以立。’鲤退而学礼。闻斯二者。”陈亢退而喜曰：“问一得三，闻《诗》，闻礼，又闻君子之远其子也。”

【译文】

陈亢向伯鱼问道："您在老师那儿受到过与众不同的教导吗？"伯鱼回答说："没有。记得他曾独自站在庭中，我加快步子恭敬地走过。他忽然问我说：'学习《诗》了吗？'我回答说：'没有。'他说：'不学《诗》，就不会说话。'我便回去学《诗》。另一天，他又独自站在庭中，我又加快步子恭敬地走过。他忽然问道：'学礼了吗？'我回答说：'没有。'他说：'不学礼，无法立足于社会。'我便回去学礼。我只听到这两件。"陈亢回去高兴地说："我问一件事，得知了三件事。一是《诗》，二是礼，三是得知君子疏远自己的儿子而不偏私。"

【赏析】

本节记载了孔子对儿子伯鱼的教育，既说明了学习《诗》、学习礼是非常重要的，又看出了孔子在教育上不以远近亲疏为别。对于学生与亲子一视同仁的做法。

（《论语·阳货》）

性　习

【原文】

子曰："性相近也，习相远也。"

【译文】

孔子说："人的本性是相近的，而受后天环境和教育不同的影响就使其相差甚远了。"

【赏析】

本节孔子强调了后天学习与环境对一个人的影响。刚一出生的小孩，本性都是相近的，但受所处环境的不同以及学习的差异，就使他们今后的命运也必不相同。这里强调了学习更是改变一个人命运的重要因素。

（《论语 · 阳货》）

恭宽信敏惠

【原文】

子张问仁于孔子。孔子曰：“能行五者于天下，为仁矣。”“请问之。”曰：“恭、宽、信、敏、惠。恭则不侮，宽则得众，信则人任焉，敏则有功，惠则足以使人。”

【译文】

子张向孔子问什么是仁。孔子说：“能在世上实行五种品德，就可以说是仁了。”子张说：“请问是哪五种？”孔子说：“恭敬，宽厚，诚信，勤敏，慈惠。庄重就不会受人侮辱，宽厚就得民心，诚信就会受人信任，勤敏就会工作有成就，慈惠就能够役使别人。”

【赏析】

本节孔子向子张阐述了什么是仁。仁是儒家思想所提倡的，也是儒家子弟所追求的，但如何才能算仁呢？孔子认为只要能实行恭、宽、信、敏、惠五种品德，便就具备仁了。

（《论语 · 阳货》）

礼乐内涵

【原文】

子曰：“礼云礼云，玉帛云乎哉？乐云乐云，钟鼓云乎哉？”

【译文】

孔子说：“礼啊礼啊，难道指的仅仅是玉帛等礼物吗？乐啊乐啊，难道指的仅仅是钟鼓等乐器吗？”

【赏析】

本节中孔子指出了什么才是真正的礼乐。所谓礼乐，不仅仅是指礼器、乐器这些外在物品、外在形式，而是指移风易俗、治国治民的整套制度和先于外在形式的内心情感。

（《论语·阳货》）

德之弃

【原文】

子曰："道听而途说，德之弃也。"

【译文】

孔子说："从路上听到传言就在路上加以传播，这种人是抛弃道德的人。"

【赏析】

本节孔子对那些四处造谣的人进行了批评。道听途说之语，本来就很少有根据，有一定道德修养的人是不会听信也不会传播这些言论的；偏偏是那些小人，不仅仅是传播，还对其进行渲染、加工，给他人、给社会造成了不良影响。这种人终究要遭人唾弃。

（《论语·阳货》）

孔子欲无言

【原文】

子曰："予欲无言。"子贡曰："予如不言，则小子何述焉？"子曰："天何言哉？四时行焉，百物生焉。天何言哉？"

【译文】

孔子说："我想不说话了。"子贡说："您如果不说话，那我们传述什么呢？"孔子说："天说了什么呢？但四季照样运行，万物照样生长。天说了什么呢？"

【赏析】

本节孔子强调了言语要少说，甚至最好不说的原则。圣人并非没有言论，而是不到不得已的时候是不会说的。孔子认为，即使一个人的言论再多，但若丝毫没有切中要害，也是白费。所以少言是孔子对言论的一贯原则。

（《论语·阳货》）

无所用心难矣哉

【原文】

子曰："饱食终日，无所用心，难矣哉！不有博奕者乎？为之犹贤乎已。"

【译文】

孔子说："吃饱了饭，整天一点事也不做，难以有所成啊！不是有六博和围棋的游戏吗？玩一下也比闲着好。"

【赏析】

本节孔子并非是教世人吃饱了就要玩乐，而是告诫世人，人活着，总得做点事情，哪怕是玩乐也可以愉悦身心，且不可饱食终日，无所用心，浑浑噩噩，虚度时日。

（《论语·阳货》）

勇与义

【原文】

子路曰："君子尚勇乎？"子曰："君子义以为上。君子有勇而无义为乱，小人有勇而无义为盗。"

【译文】

子路问道："君子崇尚勇敢吗？"孔子说："君子认为义是最崇高的。君子假若只有勇而没有义就会犯上作乱，小人假若只有勇而没有义就会成为强盗。"

【赏析】

本节孔子就子路提出的君子是否要尚勇的问题进行了阐述，教育子路勇敢必须要以守义为前提，否则，即使是君子也有作乱的可能，更不用说小人了。孔子在此再一次地强调了义是做人必须具备的第一要素。

（《论语·阳货》）

论所恶

【原文】

子贡曰："君子亦有恶乎？"子曰："有恶：恶称人之恶者，恶居下流而讪上者，恶勇而无礼者，恶果敢而窒者。"曰："赐也亦有恶乎？""恶徼以为知者，恶不孙以为勇者，恶讦以为直者。"

【译文】

子贡问："君子也有所厌恶吗？"孔子说："有厌恶：厌恶传扬别人坏处的人，厌恶处在下位而毁谤上级的人，厌恶勇敢而不明礼节的人，厌恶果敢而顽固不化的人。"接着又问子贡："赐，你也有所厌恶吗？"子贡回答说："厌恶抄袭别人的见解以显示自己聪明的人，厌恶狂傲不逊以显示自己勇敢的人，厌恶揭发别人隐私以显示自己正直的人。”

【赏析】

嫉恶，是正义的基本品质。本节中，孔子和子贡探讨了生活中令人厌恶的行为，说明君子亦有所恶，而其所恶者正是修身养性，提高自身品德所必须具备的品德之一。

（《论语·阳货》）

年四十而见恶

【原文】

子曰：“年四十而见恶焉，其终也已。”

【译文】

孔子说：“一个人到了四十岁还被人厌恶，他这一辈子也就完了。”

【赏析】

四十，是人生命中至关重要的一个界限。成败取舍，为君子、为小人就在于此间。本节孔子勉励人们及时迁善改过，进德修业，以免到了晚年，而无所成就，徒留伤悲。

（《论语·微子》）

柳下惠三黜

【原文】

柳下惠为士师，三黜。人曰：“子未可以去乎？”曰：“直道而事人，焉往而不三黜？枉道而事人，何必去父母之邦？”

【译文】

柳下惠做典狱官，多次被罢官。有人对他说：“您不能离开这里吗？”

他说："公正无私地办事，到哪里不会多次被罢官呢？违背公正原则办事，又何必离开父母之邦呢？"

【赏析】

本节通过对柳下惠就"子未可以去乎"的回答的记述，称颂柳下惠一身正气，处世清醒。同时也告诉我们：为了维护民族尊严，保护人民利益，捍卫人格的高洁，"何必去父母之邦"！因为父母之邦尚且不能安居，哪里还能是我们生存的乐土？

（《论语·微子》）

齐景公未用孔子

【原文】

齐景公待孔子，曰："若季氏，则吾不能；以季孟之间待之。"曰："吾老矣，不能用也。"孔子行。

【译文】

齐景公在礼待孔子的问题上，说："像鲁君对待季孙那样对待你，那我办不到；我将用介于季孙和孟孙之间的待遇来对待你。"后来又说："我已经老了，不能用你了。"孔子便离开了齐国。

【赏析】

本节通过对齐景公谈起对待孔子的想法的记述，反映了孔子在推行自己主张的时候遭受的挫折。

（《论语·微子》）

季恒子受女乐

【原文】

齐人归女乐，季桓子受之，三日不朝，孔子行。

【译文】

齐国给鲁君送了很多歌姬舞女，季桓子接受了，三天不上朝过问政事，孔子便离职走了。

【赏析】

本节记叙了孔子为什么要离开鲁国。孔子出生于鲁国，也希望自己的政治主张能被鲁国的执政者所采纳。但最终还是选择离开，说明了孔子的政治理想和实施办法为鲁国所不容的现实。

（《论语·微子》）

接舆歌而过孔子

【原文】

楚狂接舆歌而过孔子曰：“凤兮！凤兮！何德之衰？往者不可谏，来者犹可追。已而，已而！今之从政者殆而！”孔子下，欲与之言。趋而避之，不得与之言。

【译文】

楚国的狂人接舆唱着歌经过孔子的车前，唱道：“凤啊凤啊！你的德行为何这般衰败了呢？过去的已不可劝谏了，未来的事还可以追补。算了吧！算了吧！现在从政的人是很危险的！”孔子下车，想和他讲话。他快步避开了，孔子没法同他交谈。

【赏析】

本节记叙了楚国狂人接舆对孔子从政的讽刺。接舆是一位隐士，在他看来，当今世道，并非太平世界，道德沦丧，圣人本不应该出现在这个时候的，而想从政，辅佐国君，挽狂澜于既倒，那将是十分危险的。及早隐退，躲避世事才是明智的选择。

（《论语·微子》）

子路遇丈人

【原文】

子路从而后，遇丈人，以杖荷篠。子路问曰：“子见夫子乎？”丈人曰：“四体不勤，五谷不分，孰为夫子？”植其杖而芸。子路拱而立。止子路宿，杀鸡为黍而食之，见其二子焉。明日，子路行以告。子曰：“隐者也。”使子路反见之。至则行矣。子路曰：“不仕无义。长幼之节不可废也，君臣之义，如之何其废之？欲洁其身而乱大伦。君子之仕也，行其义也。道之不行，已知之矣。”

【译文】

子路跟随孔子出游，落在了后面，遇上一位老人，用手杖挑着除草用的工具。子路问他：“您看见我的老师了吗？”老人说：“你们四肢不劳动，五谷分不清，谁是你的老师呢？”说完，便拄着手杖去锄草。子路拱着手恭敬地站在那里。老人留子路在他家住宿，并杀鸡做饭给他吃，又叫他两个儿子出来与他相见。第二天，子路赶上孔子，把自己的经历告诉了孔子。孔子说：“这是一位隐士。”叫子路回去再看看他。到他家，他已经出去了。子路便说：“不做官不合乎义。长幼间的次序，又怎么能废弃呢？君臣之间的正当关系，又怎么能废弃呢？只想洁身自好，却损害了基本的伦理关系。君子出来做官，只是为了推行大义。至于自己的主张无法实行，早就知道了。”

【赏析】

本节记述了子路在跟随孔子周游列国之时遇到一位隐士的情景。所谓隐士，并非仅指那些逃避世事、居住深山老林的人，他们还有一定的才能与品德。有才能与品德却不出仕推行道义，这是子路所反对的。本节表明了子路积极出仕的观点。

（《论语·子张》）

子张之论（二则）

【原文】

子张曰："士见危致命，见得思义，祭思敬，丧思哀，其可已矣。"

【译文】

子张说："士遇到危难能豁出性命，遇到利益能考虑是否合乎义，祭祀时想着恭敬严肃，居丧时想着悲痛伤心，那也就可以了。"

【赏析】

本节中子张阐述了士人所应该具备的德行。士人是国家的栋梁，士人的品德决定着国家的兴衰，所以子张主张士人要以义为先，勇于承担责任。

【原文】

子张曰："执德不弘，信道不笃，焉能为有？焉能为亡？"

【译文】

子张说："执守道德不能发扬光大，信仰道义不能诚心实意，这种人多了他能怎么样？少了他能怎么样？"

【赏析】

本节子张强调了应当坚定笃实地执守仁德、信奉道义。对仁德的信仰，对道义的追求，是人们所向往的，也是大多数明智之人都能做到的。但如果不能坚定决心，无怨无悔地走下去，那么这种人对社会也是可有可无的。

（《论语·子张》）

论交友

【原文】

子夏之门人问交于子张。子张曰："子夏云何？"对曰："子夏曰：'可者与之，其不可者拒之。'"子张曰："异乎吾所闻：君子尊贤而容众，嘉善而矜不能。我之大贤与，于人何所不容？我之不贤与，人将拒我，如之何其拒人也？"

【译文】

子夏的学生向子张问交友的原则。子张说："子夏怎么说？"他们回答说："子夏说：'值得交的就交结他，不值得交的就拒绝他。'"子张说："这和我所听到的不同：君子尊重贤人，也接纳普通人；鼓励好人，也怜悯无能的人。如果我是非常好的人呢，对什么人不能接纳？如果我是不好的人呢，别人将拒绝我，我又怎能拒绝别人呢？"

【赏析】

本节中记述了子夏和子张二人的交友原则。人生活在社会上，必然要与他人打交道，也必然要涉及交友的问题。人们也许会像子夏一样，考虑自己的需求、利益，能满足自己、于己有利的则交之，否则就拒绝。但是，交友就是交友，何必掺杂太多的功利呢？子张的交友境界明显高于子夏。

（《论语·子张》）

子夏驳子游

【原文】

子游曰："子夏之门人小子，当洒扫应对进退，则可矣，抑末也。本之则无，如之何？"子夏闻之，曰："噫！言游过矣！君子之道，孰先传焉？孰后倦焉？譬诸草木，区以别矣。君子之道，焉可诬也？有始有卒者，其惟圣人乎！"

【译文】

子游说："子夏的学生们，做做洒水扫地、接待客人、应对进退的事情，是可以的，但这不过是细枝末节。至于礼的根本则谈不上，这怎么办呢？"子夏听了，说："唉！言游错了！君子所需要掌握的学问，哪些首先应该传授呢？哪些最后才去指教呢？这就好比草木，一比，不普会有小大之别的。君子的学问，怎么可以歪曲呢？能够有始有终、循序渐进的人，大概只有圣人吧！"

【赏析】

本节记叙了子游与子夏对传授君子之道的不同理解。洒水扫地，待客献茶，这些究竟是不是细枝末节，对修大道有无助益，子游与子夏的观点截然不同。

（《论语·子张》）

子游议丧

【原文】

子游曰："丧致乎哀而止。"

【译文】

子游说："服丧表现出十分悲哀就够了。"

【赏析】

本节子游指出了居丧期间人们应注意的两个问题，一是为了显出自己的孝敬之心，一定要把自己的哀痛完全表现出来；二是哀痛也不要太过，否则对自己的身心都有损害，这也是“不孝”了。所以子游认为，居丧既要“致乎哀”也要“止”。

（《论语·子张》）

子贡言君子之过

【原文】

子贡曰：“君子之过也，如日月之食焉：过也，人皆见之；更也，人皆仰之。”

【译文】

子贡说：“君子的过失好像日蚀月蚀：有了过失，人人都看得见；改正的时候，人人也都仰望着。”

【赏析】

本节子贡阐述了一个人对待错误所应该采取的正确态度。人之一生，难免会犯错误，关键在于你如何去对待。坦然地面对错误，大胆地承认错误，真诚地改正错误，这样才是改正错误的最好方法，这样才能受到人们的尊敬与景仰。

（《论语 · 子张》）

弟子论孔子（二则）

【原文】

卫公孙朝问于子贡曰："仲尼焉学？"子贡曰："文武之道，未坠于地，在人。贤者识其大者，不贤者识其小者，莫不有文武之道焉。夫子焉不学？ 而亦何常师之有？"

【译文】

卫国的公孙朝向子贡问道："仲尼是从哪里学成的？"子贡说："周文王、周武王之道，并没有坠入地里，掌握在人们那里。贤者接受了宏大的方面，不贤者接受了细微的方面，无处没有文王武王之道。我的老师哪里不能学习呢？为什么要有一个固定不变的老师呢？"

【赏析】

本节子贡说出了孔子之所以有这么大学问的原因，是因为孔子没有固定的老师。圣人之所以为圣人，是因为他能够持之以恒地学习，在于他能博采众长。时时有学问，处处有学问，人人有学问，谦虚好学，借鉴他人的长处，弥补自己的不足，这样就可以使自己免于平庸而接近于圣人了。

【原文】

陈子禽谓子贡曰："子为恭也，仲尼岂贤于子乎？"子贡曰："君子一言以为知，一言以为不知，言不可不慎也。夫子之不可及也，犹天之不可阶而升也。夫子之得邦家者，所谓立之斯立，道之斯行，绥之斯来，动之斯和。其生也荣，其死也哀，如之何其可及也？"

【译文】

陈子禽对子贡说："您是在有意谦恭吧，仲尼难道真的强过您了吗？"子贡说："君子由一句话可以显出他的聪明，由一句话可以显出他的愚蠢，所以说话是不能不谨慎的。他老人家高不可及，就好像天不可凭借台阶登上去的情况一样。我的老师如果得到诸侯之国大夫之家的政事，就如人们所说的：一让百姓自立于社会，百姓就会自立于社会；一引导百姓前进，百姓就会前进；一对百姓安抚，百姓就会来归附；一对百姓动员，百姓就会齐声响应。他老人家生时荣耀天下，死了哀恸万民，像这样的境界我怎么能赶得上他呢？"

【赏析】

本节是子贡对孔子的称颂。他认为，孔子的修养、仁德是他人都无法企及的；同时也强调了言语的重要性，告诫人们语言不可不谨慎。即使偶尔一句话，就可以看出他的修养，看出他的智慧学问，看出他的思想境界。

（《论语·尧曰》）

尊五美，屏四德

【原文】

子张问于孔子曰："何如斯可以从政矣？"子曰："尊五美，屏四恶，斯可以从政矣。"子张曰："何谓五美？"子曰："君子惠而不费，劳而不怨，欲而不贪，泰而不骄，威而不猛。"子张曰："何谓惠而不费？"子曰："因民之所利而利之，斯不亦惠而不费乎？择可劳而劳之，又谁怨？欲仁而得仁，又焉贪？君子无众寡，无小大，无敢慢，斯不亦泰而不骄乎？君子正其衣冠，尊其瞻视，俨然人望而畏之，斯不亦威而不猛乎？"子张曰："何谓四恶？"子曰："不教而杀谓之虐；不戒视成谓之暴；慢令致期谓之贼；犹之与人也，出纳之吝谓之有司。"

【译文】

子张向孔子问道："怎样就可以从政了呢？"孔子说："能尊崇五种美德，摒除四种恶政，就可以从政了。"子张问："五种美德指的是什么？"孔子说："君子给人恩惠却无所耗费，让百姓为他劳动而无怨恨，有欲望却不贪婪，雍容大方却不骄傲，威严却不凶猛。"子张说："什么叫给人恩惠却无所耗费？”孔子说：“借着民众能得利益之处而使他们获利，这不就是给人恩惠却无所耗费吗？选择民众便于劳动的时间让他们劳动，又有谁会抱怨呢？自己想要仁德就得到了仁德，又贪求什么呢？君子不论民众人多人少，事大事小，都不敢怠慢他们，这不就是雍容大方却不骄傲吗？君子整理自己的衣冠，目光尊严地远视，庄严地使人望见便产生畏惧，这不就是威严却不凶猛吗？”子张又说：“四种恶政指的是什么？”孔子说：“事先不进行教育，却对民众加以杀戮，叫做虐；事先不进行告诫，却要督查成绩，叫做暴；政令松懈，限期紧迫，叫做贼；用给与人东西作比出手吝啬，叫做小家子气的有司。”

【赏析】

本节孔子阐述了为官之道。孔子对“尊五美，屏四恶”进行了详细的论述，因为这是为官执政的基本要求。“尊五美”是为了让百姓能安心地生活，“屏四恶”是为了使百姓能避免遭到迫害。孔子的治国思想在这里已经淋漓尽致地表达了出来。

（《论语·尧曰》）

议三不知

【原文】

孔子曰：“不知命，无以为君子也；不知礼，无以立也；不知言，无以知人也。”

【译文】

孔子说：“不懂得命运，无法成为一个君子；不懂得礼，无法立足社会；不懂得分析别人的言语，无法了解别人。”

【赏析】

本节是孔子对个人自身修养的阐述。“知命”、“知礼”、“知言”在孔子眼里，是在立身处世方面每个人都应努力达到的目标。